Franz Sales Sklenitzka

Der Schatz im Ötscher

Ein Spiel- & Leseabenteuer

NP

Verlag Niederösterreichisches Pressehaus

St. Pölten – Wien

6. Auflage 1992

Schutzumschlag-Sujet und Illustrationen:
Franz Sales Sklenitzka, Wilhelmsburg

Gesamtherstellung:
Niederösterreichisches Pressehaus
3100 St. Pölten, Gutenbergstraße 12

ISBN 3 85326 758 0

Die Legende vom Ötscher

Hoch über Wälder und Seen erhebt sich im Süden Niederösterreichs ein mächtiger Gipfel. Seine Schneefelder leuchten an klaren Tagen im Frühjahr oder Spätherbst weit über das Alpenvorland und die Donauebene bis ins Waldviertel. Er gilt als der schönste Berg des Landes: Seine Majestät der Ötscher.

Viele Sagen und Erzählungen ranken sich um dieses uralte Felsenhaupt. In Spuk- und Zaubernächten soll der Berg geheimnisvoller Tanzplatz der Hexen und Teufel sein. Die berühmten Ötscherhöhlen durchziehen das Innere des ganzen Gebirgsstockes wie ein unterirdischer Irrgarten. Dieses riesige Höhlensystem ist bis auf den heutigen Tag noch nicht vollständig erforscht. Irgendwo in diesem Labyrinth von kilometerlangen Gängen, Hallen und Schächten soll sich der sagenhafte Schatz der Witwe Gula befinden, den sie vor fast anderthalb Jahrtausenden in den Tiefen des Ötschers versteckte.

Niemand scheint es bisher wirklich gelungen zu sein, diesen unermeßlichen Schatz zu heben. Die Sage weiß allerdings von geheimnisvollen „Erzschmeckern“ aus dem Welschland. Sie haben in alter Zeit angeblich reiche Beute auf ihren Kraxen aus den Ötscherhöhlen geschleppt. Diese Gerüchte müssen vor vierhundert Jahren auch Kaiser Rudolf II. zu Ohren gekommen sein. Was hätte ihn sonst bewogen, eine ganze Expedition auszurüsten und ihr eigens einen Goldsucher mitzugeben? Vergebens. Die Leute kehrten mit leeren Händen aus dem Geldloch zurück an den Kaiserhof nach Wien.

Seither hat so mancher arme Teufel, der von Gold und Geld und einem Leben in Pracht und Reichtum träumte, sein Glück in den Ötscherhöhlen versucht. Du bist also weiß Gott nicht der erste! Aber die Einzelgänger unter den Schatzsuchern waren genauso erfolglos wie die Leute des Kaisers. Der Berg gibt seine Geheimnisse nicht gerne preis!

Als abschreckendes Beispiel sei hier noch eine Geschichte erwähnt: Ein lebenslustiger junger Bursche kletterte aus Übermut in das Wetterloch. Drei Tage später kehrte er mit schlohweißem Haar und in geistiger Umnachtung ans Tageslicht zurück. Er muß über die Ereignisse im Inneren des Ötschers den Verstand verloren haben.

Von einigen anderen Glücksrittern blieb noch weniger erhalten: ein Rucksack, ein Schuh, ein Hut, ein Messer; Dinge, die der Berg oft erst nach Jahrzehnten freigab. Und viele Schatzsucher verschwanden überhaupt für immer im Ötscher, ohne daß man jemals noch etwas von ihnen gesehen oder gehört hätte.

Du bist noch immer entschlossen, den Schatz zu heben? Wie auch immer, man hat dich gewarnt. Das Abenteuer, auf das du dich da einlassen willst, ist nicht gerade harmlos. Und daß es bis jetzt noch keinem gelungen ist, die unterirdischen Reichtümer ans Tageslicht zu schaffen, spricht nicht für dich!

Aber du strotzt vor Selbstvertrauen. Du hast dich gut vorbereitet. Du hast viele Bücher über den Berg gelesen. Du hast aufmerksam gelauscht, wenn Bauern aus Annaberg, Jäger aus Gösing, Holzknechte aus Trübenbach ihre Geschichten über den Ötscher erzählten. Die Einheimischen sind nämlich überzeugt, daß es im Inneren des Berges nicht mit rechten Dingen zugeht. Und eines muß man den abergläubischen Hinterwäldlern schon lassen: Ihre Berichte von den unheimlichen Sagengestalten könnten ängstlichen Gemütern beinahe bange machen ...

Aber jetzt willst du dich nicht mehr länger von deiner Schatzsuche abhalten lassen. Schließlich hast du in deine Vorbereitungen eine schöne Stange Geld gesteckt: Du besitzt eine vollständige Höhlenforscher-Ausrüstung, vom Schutzhelm und vom Overall über die Hand- und Kletterschuhe bis zur Karbidlampe und zu den Spezialwerkzeugen. Du hast einen fünfwöchigen Trainingskurs für Höhlenforscher hinter dir. Vor allem aber: Du bist – was niemand weiß – im Besitz einer Ötscherhöhlen-Schatzkarte aus dem Spätmittelalter!

Deine Gedanken wandern um ein ganzes Jahr zurück. Der alte Mann fällt dir wieder ein ... Die schimpfende Wirtin ... Das entlegene Gasthaus in den Ötschergräben ...

An deinem Nebentisch war ein alter Mann gesessen. Seine Haut war auffallend blaß, seine Kleidung seltsam gewesen. Er hatte sich Bratwürste und Bier kommen lassen. Als es ans Zahlen ging, legte er der Wirtin ein paar grünspanige Kupfermünzen auf den Tisch. Die besah sich das Geld näher und wurde stutzig. Dann begann sie den Alten zu beschimpfen, nannte ihn einen Betrüger und drohte ihm mit den Gendarmen. Aber der blasse Mann schien das Gezeter gar nicht zu hören. Es war, als würden die Schimpfwörter der Wirtin einfach von ihm abprallen. Stumm und hoheitsvoll saß er da und drehte die Taschen seines alten Gehrockes um als Beweis dafür, daß er kein gültiges Geld bei sich hatte.

Der Alte tat dir leid. Du bezahltest seine Würste und sein Bier und wolltest gehen. Draußen vor dem Wirtshaus wartete der merkwürdige Gast auf dich. Ohne ein Wort des Dankes zu sagen, drückte er dir ein abgegriffenes, vergilbtes, brüchiges Stück Papier mit merkwürdigen Linien, Kreisen und Kreuzen in die Hand. Bevor du ihn noch fragen konntest, was das alles zu bedeuten hätte, war er verschwunden!

Auf dem vergilbten Papier konntest du eine Bemerkung entziffern, die in verschnörkelter Schrift abgefaßt war:

Versuche,
den Schatz
im Ötscher
am Johannistag
zu heben,
am Tag der
Sommersonnen-
wende!

Garantie ✻ Garantie ✻ Garantie ✻ Garantie

Es gibt viele Sackgassen und Irrwege im weitverzweigten Labyrinth der Ötscherhöhlen. Und nur e i n richtiger Weg führt zum sagenhaften Schatz der Witwe Gula! Abkürzungen sind eher selten. Umwege schon häufiger. Du wirst auf Fallen und andere Hindernisse stoßen, unheimliche Fabelwesen und merkwürdige Sagengestalten werden dir immer wieder begegnen und dafür sorgen, daß deine Schatzsuche nicht eintönig verläuft. Es kann – und das muß spätestens an dieser Stelle gesagt werden – jederzeit geschehen, daß du unterwegs von Waldschraten und Druden belästigt oder von einem Gölsentaler Teufelshasen angefallen wirst. Aber auch Schlimmeres ist denkbar: Möglicherweise triffst du einen Riesen, der dich als willkommene Abwechslung auf seiner Speisekarte betrachtet! Ebensogut könnte es sein, daß dir ein zentnerschwerer Felsbrocken auf die Zehen kracht, daß du – unabsichtlich, versteht sich – in einen eiskalten unterirdischen See plumpst oder schlicht und einfach versteinerst, die nächsten zwanzigtausend Jahre sozusagen als Tropfstein dein Dasein fristest. Laß dich nicht entmutigen! Mit solchen unangenehmen Zwischenfällen müssen Höhlenforscher und Schatzsucher nun einmal rechnen – und fertig werden! Wenn nicht im ersten, dann im zweiten, dritten oder vierten Anlauf. Oder im zweiundfünfzigsten.

Also, auch wenn es nicht danach aussieht: Die Schatzsuche läßt sich erfolgreich zu Ende bringen! Dafür garantieren wir. Wir, die guten Berggeister im Ötscher. Herz- und Steinschlag! Äh ... wie heißt das nur? Hals- und Beinbruch! Du wirst es brauchen!

Das Spiel kann beginnen!

AUFGEPASST! Solltest du zu einer Würfelstation kommen und keinen Würfel bei dir haben, kannst du dieses Buch als eine Art Daumenkino benützen. Das geht so: Du läßt die Buchseite unter deinem Daumen rasch durchlaufen und hältst bei irgendeiner Seite an. Das Würfelbild auf dieser Seite zeigt dir die Augenzahl, die du „gewürfelt" hast.

1

Der steile Anstieg zu den Höhlen zieht sich endlos in die Länge an diesem Sommertag. Es ist schwül. Keuchend wischt du dir den Schweiß von der Stirn und stellst den schweren Rucksack ab. Du hast eine Rast verdient. Der blau markierte Weg über den sonnigen Südhang des Ötschers ist äußerst beschwerlich. Ein Blick auf den Höhenmesser: 1400 Meter! Wald und Buchengestrüpp bleiben hinter dir zurück, nur noch Krummholz begleitet dich auf dem steinigen Steig, der sich jetzt nach Osten zu den Wandabstürzen wendet und am Fuß der Felsen weiterführt. Du setzt deine Schritte vorsichtiger. Ein Fehltritt – und du würdest die steilen Rasenhänge und Schutthalden zu deiner Rechten hunderte Meter weit hinunterrodeln. Auf dieses zweifelhafte Vergnügen verzichtest du besser. Es könnte dich Kopf und Kragen kosten! Weiter bei **2**.

2

An anderen schönen Sommertagen sind sonst viele Wanderer vom *Jägerherz* zum *Rauhen Kamm* unterwegs. Aber heute ist dir noch keine Menschenseele begegnet, seit du dich beim *Ötscherhias* von deinen Freunden verabschiedet hast. Seltsam! Du bleibst jedoch nicht allein. Plötzlich steht – wie aus dem Boden gewachsen – eine uralte Frau vor dir! Ihr Ge-

sicht ist zerfurcht, der hagere Körper steckt in einem Kittel von unbestimmbarer Farbe. Wer ist die Alte? Ein Kräuterweiblein? Was trägt sie da auf ihrem Bauchladen vor sich her? Und wie kommt sie überhaupt hier herauf, knapp über die Baumgrenze? Anscheinend will sie dir etwas zum Kauf anbieten! Mit heiserer Stimme kräht sie: „Dryopteris filixmas! Ilex! Sempervivum tectorum! Juniperus! Sambucus nigra!“

Einen Augenblick lang glaubst du, eine ausländische Touristin vor dir zu haben. Als sie deinen verständnislosen Blick bemerkt, öffnet die Alte ihren zahnlosen Mund zu einem lautlosen Lachen. Sie schlurft näher und zerkrümelt mit ihren knochigen Fingern ein paar dürre Blätter unter deiner Nase.

„Kauft nur, kauft!“ kichert sie. „Ihr werdet alles brauchen können: Farnsamen aus dem Schwarzenbachtal! Rechtzeitig in die Schuhe gelegt, machen sie garantiert unsichtbar! Hauswurz gegen Blitzschlag! Stechpalmen gegen Kobolde! Zittergras! Getrocknete Wacholderbeeren! Holunder! Und Sonnenbrillen! Günstige Sonnenbrillen!“

Du lachst laut auf! Sonnenbrillen? Die Gute ist wohl nicht mehr ganz richtig im Kopf! Was soll ein Schatzgräber in den Ötscherhöhlen mit einer Sonnenbrille! Aber die Alte läßt nicht locker. Hartnäkkig redet sie auf dich ein, bittet, ja beschwört dich fast, ihr eine Sonnenbrille abzukaufen. Sie versichert dir, sie wüßte genau, wie wichtig eine Sonnenbrille für deinen Plan sei. Das macht dich stutzig.

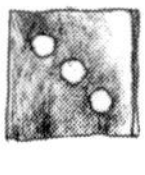

Niemand hat bis jetzt ein Sterbenswörtchen von deinem Vorhaben erfahren!

Du kaufst dem Weiblein eine Handvoll Farnsamen ab und steckst ihn – nein, nicht in die Schuhe – in eine Tasche. An die magischen Kräfte der winzigen Körnchen glaubst du ohnehin nicht, möchtest sie aber als Andenken an den heutigen Tag mitnehmen. Willst du auch eine Sonnenbrille kaufen? Ja? Dann weiter bei **144**. Nein? Dann weiter beim folgenden Abschnitt **3**.

3

So schnell wie sie aufgetaucht ist, verschwindet die Alte samt ihrem Bauchladen auch wieder. Sie scheint sich in Luft aufzulösen. Du kommst nicht einmal dazu, sie nach ihrem Namen zu fragen. Ein paar Sagen aus der Ötschergegend kommen dir auf einmal in den Sinn. War die Frau etwa die Steinklamm-Gretel aus dem Wiesenbachtal? Die alte Moni aus Frankenfels? Oder gar die Wetterliese vom Ötscher? Weiter bei **4**.

4

Das Kräuterweiblein ist rasch vergessen. Endlich hast du das Ziel deines dreistündigen Marsches erreicht! Vor dir gähnt wie das halbgeöffnete Maul des

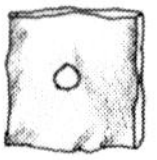

uralten Berges* der niedrige, breite Eingang zum *Geldloch*. Große Felsblöcke liegen verstreut vor der Höhle, als hätten Riesen damit gewürfelt. Weiter östlich erkennst du das gewaltige Portal des *Taubenloches*. In der Südflanke des Ötschers soll es noch eine weitere tiefe Höhle geben: die *Südkar-Eishöhle*. Weiter bei **5**.

5

Wo willst du die Schatzsuche beginnen?

- Im Geldloch? Weiter bei **88**
- Im Taubenloch? Weiter bei **6**
- In der Südkar-Eishöhle? Weiter bei **139**

6

Du hast dich also für das *Taubenloch* entschieden? Na, schön. Auf deiner Schatzkarte ist diese Höhle mit einem Kreuz versehen, aber es ist schwer zu sagen, was dieses Zeichen bedeuten könnte. Bevor du ins unterirdische Reich des Ötschers hinabsteigst, stärkst du dich noch mit einem saftigen Apfel. Fünf Minuten aussetzen, dann weiter bei **7**!

* Der slawische Name *Öthschan* bedeutet „Vaterberg".

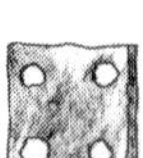

7

Neugierig beobachten dich zahlreiche Augenpaare. Viele Bergdohlen haben hier im *Taubenloch* ihre Nistplätze. Du erinnerst dich an einen alten Jäger aus Mariazell, der dir einreden wollte, die gefiederten Schwarzröcke seien die armen Seelen schuldbeladener Sünder. Sie sollen wegen ihres Geizes und ihrer Hartherzigkeit auf den Ötscher verbannt worden sein, um hier in Vogelgestalt für die begangenen Untaten zu büßen. Du wirfst die Reste deines Apfels den armen Sündern zu. Kreischend stürzen sich die Dohlen darauf und sehen dich dann fragend an, ob sie noch mehr von dir erwarten dürfen. Weiter bei **8**.

8

Jetzt näherst du dich dem Eingang zum *Taubenloch*. Das riesige Portal ist gut ein Dutzend Meter breit und an die fünf Meter hoch. Feuchtkühle Luft schlägt dir entgegen, als du in die beginnende Dunkelheit trittst. Du schaltest deine Lampe ein und stellst fest, daß du dich am Eingang einer riesigen Halle befindest. Wasserlachen stehen auf dem glitschigen Felsboden. Das Licht der Karbidlampe spiegelt sich gespenstisch an den tropfnassen Wänden.

Die Halle führt leicht abwärts, immer tiefer in den Berg hinein. Deine Kompaßnadel zeigt genau nach

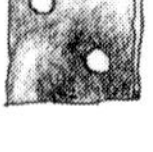

Norden. Große Felstrümmer zeugen von einem Rieseneinsturz, der irgendwann in grauer Vorzeit stattgefunden haben muß.

Nach etwa achtzig Metern bist du am Ende der Halle angelangt. Hier verengt sich die Höhle zu einem schmalen Gang. Bis jetzt hast du ein paar schwarze Vogelfedern gefunden, aber sonst nichts Bemerkenswertes entdeckt. Willst du dem schmalen Höhlenast folgen (dann weiter bei **9**) oder dein Glück im *Geldloch* (bei **88**) versuchen? Oder möchtest du gar in die *Südkar-Eishöhle* (bei **139**) hinabsteigen?

9

Der Höhlenast ist nur wenige Meter lang. Du folgst ihm und mußt erkennen, daß du hier so gut wie am Ende des *Taubenloches* angelangt bist. Die Höhle ist einfach nicht mehr weiter begehbar. Sie endet in drei gewaltigen Schloten, die fast senkrecht in geheimnisvolle Höhen führen. Aus Büchern weißt du, daß eine Ersteigung dieser Schlote völlig aussichtslos ist und bis jetzt auch noch nie versucht wurde. Während du überlegst, ob du gleich umkehren oder die Halle und den kurzen Höhlenast, in dem du dich jetzt aufhältst, genauer untersuchen sollst, bemerkst du im ersten Schlot eine undeutliche Bewegung. Deine Augen haben sich inzwischen recht gut an die Dunkelheit gewöhnt. Du richtest den Strahl deiner Lampe auf diese Stelle und siehst etwas Lich-

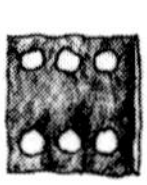

tes, Wurmartiges aus dem Schlot hängen. Auch aus den anderen beiden senkrechten Gängen baumeln ähnliche Gebilde.

Eigentlich bist du nicht gekommen, um neue Tierarten zu erforschen, sondern um einen Schatz zu heben. Auch hast du keine besondere Vorliebe für wurmartige Schlangen oder schlangenartige Würmer. Aber was in diesen unzugänglichen Röhren pendelt, erweckt doch dein Interesse. Du gehst vorsichtig näher. Überrascht mußt du feststellen, daß es sich bei den vermeintlichen Schlangen um – Seile, kräftige Hanfseile handelt. Das ist mehr als sonderbar! Willst du einen der Stricke ergreifen? Ja?

- Wenn du dich für das erste Seil entscheidest, lies bitte weiter bei Abschnitt **10**.
- Du möchtest das Seil im mittleren Schlot untersuchen? Dann weiter bei **150**.
- Du wendest dich dem dritten Schlot zu? Weiter bei **81**.
- Du kannst aber auch umkehren. Wer weiß, wie lange du noch die Möglichkeit dazu hast! Weiter bei **16**.

10

Schon streckst du die Hand nach dem ersten Seilende aus, aber es läßt sich nicht ergreifen! Du versuchst es ein zweites Mal. Umsonst! Du springst. Vergeblich! Jedesmal wenn du zupacken willst,

zuckt das Seil zurück, als würde es von jemandem hochgerissen! Aber außer dir ist weit und breit niemand in der Höhle zu sehen! Du versuchst noch zwei-, dreimal, das Seil zu fassen. Immer wieder entzieht sich der Strick deinen Fingern!

Plötzlich bricht sich in den Kaminen hämisches Gelächter. Auf deinem Rücken entsteht eine ausgedehnte Gänsehaut. So kann nur ein Berggeist lachen, aber einer von der bösen Sorte! Der will dir wohl die Schatzsuche verleiden! Aber du läßt dich nicht länger zum Narren halten und wendest dich dem zweiten (**150**) oder dem dritten Schlot (**81**) zu!

11

Mit dem schweren Gepäck auf deinem Rücken kommst du nicht sehr weit. Nach etwa zehn Schritten ist der Riesenhund hinter dir. Du wirfst deinen Eispickel nach ihm, verfehlst ihn aber! Das macht die zottige Bestie noch wütender. Mit aufgerissenem Rachen springt sie dich an und reißt dich nieder! Dann geschieht etwas Sonderbares: Das schwarze Untier hält anscheinend den Inhalt deines Rucksackes für schmackhafter als dich in deinem schweißgetränkten Overall! Es läßt von dir ab und zerkleinert dafür dein Gepäck, wälzt sich auf deiner Schatzkarte und zerbeißt mit knirschendem Gebiß deinen Fotoapparat. Nachdem es deine Proviantdose geplündert und auch vor Salzkeksen, Äpfeln,

11 *Mit dem schweren Gepäck auf deinem Rücken kommst du nicht sehr weit. Nach etwa zehn Schritten ist der Riesenhund hinter dir. Du wirfst deinen Eispickel nach ihm, verfehlst ihn aber! Das macht die zottige Bestie noch wütender.*

Essiggurken und Kaugummi nicht haltgemacht hat, verliert es völlig das Interesse an deiner Person. Mit einem satten Knurren zieht es sich in den Gang zurück, aus dem es gekommen ist. Das letzte, was du von dem Riesenhund siehst, ist ein buschiger, zufrieden wedelnder schwarzer Schwanz.

Mit Entsetzen siehst du dir die Bescherung an. Von deinem Rucksack ist nur noch das Tragegestell übrig, alles andere ist zerfetzt und nicht mehr verwendbar! Was du so sorgfältig ausgewählt und eingepackt hast, liegt weit verstreut im *Eisdom*!

Nach diesem Mißgeschick ist es wohl das beste, den Heimweg anzutreten. Vielleicht solltest du bei deinem nächsten Besuch in der Höhle einen Beißkorb mitnehmen? Du beginnst dann wieder bei **1**.

12

Leider funktioniert dein Plan nicht so, wie du es dir vorgestellt hast. Der Rucksack legt sich quer und klemmt. Du ziehst kräftiger. Ritsch! Plötzlich reißt die Schnur. Jetzt mußt du noch einmal zurückkriechen! Weiter bei **13**.

13

Der zweite Versuch gelingt, weil du die Schnur doppelt an den Trageschlaufen befestigst. Endlich hast du das *Windloch* gemeistert! Weiter bei **35**.

14

Du läßt Pickel und Spaten fallen und willst vor Entsetzen aus der *Schatzgräberhalle* flüchten. Plötzlich verlierst du den Boden unter den Füßen und fällst! Glücklicherweise nicht sehr tief. In deinem Schrekken denkst du an eine Fallgrube, aber bald kommst du zur Überzeugung, daß du das Loch selbst geschaufelt hast. Bist du mittlerweile wieder ansprechbar? Dann klettere aus der Grube und sieh gefälligst nach, was du da freigelegt hast! Weiter bei **25**.

Zitterst du aber noch immer wie Espenlaub, dann nimm dein Gepäck und versuche, den Ausgang des *Geldloches* zu erreichen. Es ist nämlich zu befürchten, daß du noch schlimmere Erlebnisse haben könntest, wenn du tiefer in den Ötscher eindringst! Wer so leicht zu erschrecken ist, für den ist die Schatzgräberei bestimmt nicht das richtige Steckenpferd! Vielleicht versuchst du es einmal mit Kreuzworträtsellösen? Oder du nimmst dir einen mehrwöchigen Erholungsurlaub und startest danach wieder bei Abschnitt **1** ...

15

Falsch! Wieder zu **108**!

16

Du trittst den Rückweg an. Sonderbar: Dein Rucksack kommt dir noch schwerer vor als bisher. Zunächst glaubst du an eine Einbildung, aber dann beschließt du nachzusehen. Du nimmst den Rucksack von den Schultern und – entdeckst ein rundliches pelziges Wesen, kaum größer als ein dreijähriges Kind! Es läßt sich von dir durch die Halle tragen und wühlt dabei in deinen Eßvorräten! Das nennt man einen blinden Passagier!

Blitzschnell packst du zu. Da das kleine Ding mit den Füßen im Rucksack steckt, kann es nicht flüchten. Jetzt siehst du dir deinen Fang näher an: Das rundliche Wesen ist am ganzen Körper mit einem glänzend braunen Pelz bedeckt. An den Fingern und Zehen hat es lange Krallen. Wenn dich nicht alles täuscht, hast du ein Pelzweiblein in der Hand!

„He, du kleiner Schmarotzer!“ sagst du streng. „Du lebst wohl vom Proviant der Höhlenbesucher?“ Das Pelzweiblein zappelt aufgeregt in deinem Griff und versucht sich mit den Krallen zu befreien. Zum Glück trägst du dicke Handschuhe, seit du dich in der Höhle aufhältst. Bevor du das bepelzte Ding losläßt, fragst du, ob es schon einmal vom Schatz der Witwe Gula gehört hat.

„Hier ist er nicht! Hier ist er nicht! Hier ist er sicher nicht!“ kreischt das Pelzweiblein.

„Wo ist er dann?“

„Wie soll ich das wissen? Ich bin doch aus dem Waldviertel zugewandert und lebe erst seit hundert-

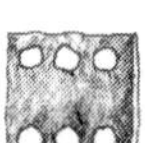

fünfzig Jahren hier im *Taubenloch!* Aber hier ist kein Schatz! Ich wüßte es!“

Eine Sage von einem Pelzweiblein in der Thaya fällt dir ein. Wieso hat sich das kleine dichtbehaarte Ding aus dem Norden des Landes ausgerechnet in die Ötscherhöhlen zurückgezogen? Du bekommst keine Antwort mehr. Das Pelzweiblein ist deiner Hand entschlüpft und in einer handbreiten Felsspalte verschwunden. Willst du ihm Glauben schenken? Dann müßtest du deine Suche im Taubenloch abbrechen und im *Geldloch* (weiter bei **88**) oder in der *Südkar-Eishöhle (***139**) fortsetzen.

Wenn du dich aber nicht auf die Auskunft des Pelzweibleins verlassen willst, kannst du dich noch in der großen Halle des Taubenloches umsehen. Weiter bei **64**.

17

Du kletterst auf ein glitschiges schwankendes Floß. In deinem eigenen Boot hättest du dich eigentlich sicherer gefühlt. Der Wassermann bemerkt, wie du ihn musterst.

„Meine Beulen“, erklärt er, „verdanke ich den Eisschützen auf dem Erlaufsee! Wenn ich in früheren Wintern ab und zu durch ein Loch im Eis auftauchte, um beim Eisstockschießen zuzuschauen, wurde ich häufig von den schweren Eisstöcken ge-

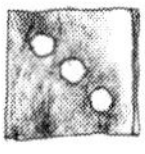

troffen. Ich hoffe, es war keine Absicht dahinter! Aber wer einen echten Wassermannskopf hat, der hält das aus! Ha! Manchmal kommen Leute ins *Geldloch* und meinen, sie könnten mich mit Steinwürfen aus dem *Eissee* vertreiben. Diese Tölpel!“

Der smaragdgrüne schuppige Bursche stimmt das Erlauftallied an: „Wo der Erlaf klare Quelle in den dunklen Bergsee fließt ...“ Seine Stimme hat eine entfernte Ähnlichkeit mit dem Quaken eines Frosches, trotzdem klingt das Lied in der Stille der Höhle sehr hübsch. Als der Wassermann merkt, daß dir sein Gesang gefällt, möchte er dir das Lied gleich noch einmal vortragen. Dein Besuch scheint seine Laune sehr gebessert zu haben, und du fragst dich, ob du ihm vielleicht zu viel für die Überfahrt bezahlt hast. Inzwischen seid ihr am anderen Ufer des Eissees angelangt. Der Wassermann hilft dir beim Aussteigen und wünscht dir alles Gute. Auf deine Frage nach dem Schatz der Witwe Gula zuckt er allerdings seine grünen Achseln und wechselt das Thema. „Das Schlauchboot“, versichert er, „kannst du unbesorgt in meiner Obhut zurücklassen. Wenn du auf deinem Rückweg zum Eissee kommst, brauchst du nur laut nach mir rufen! Sofern du dann noch lebst.“

Diese Höhlenbewohner haben einen merkwürdigen Humor! Immerhin – du bist froh, das kleine Boot nicht länger mitschleppen zu müssen, bedankst dich für die sichere Überfahrt und setzt deinen Weg fort. Die nächste Schlüsselstelle, an der viele Touristen umkehren müssen, ist schon in Sichtweite: der *Eiswall*. Weiter bei **126**.

18 *Das nennt man falschen Ehrgeiz! Die Riesenziege ist dir einfach an Kräften überlegen. Ihrem dritten Angriff hast du nichts mehr entgegenzusetzen.*

18

Das nennt man falschen Ehrgeiz! Die Riesenziege ist dir einfach an Kräften überlegen. Ihrem dritten Angriff hast du nichts mehr entgegenzusetzen. Sie schleudert dich zu Boden, spießt dich mit ihrem starken Gehörn auf, hebt dich hoch und legt dich quer über ihren muskulösen Nacken. Zu diesem Zeitpunkt hast du schon halb das Bewußtsein verloren (Überanstrengung!). Dann trägt dich das Tier in die übernächste Halle und wirft dich genau unter einem Schlot unsanft in den Schutt. Weiter bei **19**.

19

Was jetzt geschieht, kannst du eigentlich nur erahnen, da du fast ohnmächtig bist. Auf das triumphierende Meckern der Riesenziege huschen zahlreiche Zwerge aus den Felsspalten. Sie verschnüren dich mit deinem eigenem Kletterseil zu einem handlichen Paket. Die beiden Seilenden knüpfen sie an einen Strick, der sich langsam aus dem Schlot über dir zum Höhlenboden senkt. Ein kurzer Befehl des Oberzwerges, und du wirst – wehrlos wie du bist – ruckartig in die Höhe gehievt und verläßt das *Geldloch* sang- und klanglos durch eine senkrechte Kluftfuge in der Höhlendecke. Weiter bei **83**.

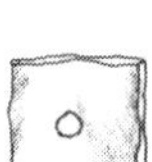

20

In diesem Augenblick geht eine seltsame Verwandlung mit dir vor sich! Du fühlst, wie deine Augen aus dem Kopf treten und dein Mund breiter und breiter wird. Deine Haut bedeckt sich mit Warzen, zwischen deinen Zehen bilden sich Schwimmhäute. Innerhalb weniger Sekunden wirst du zu einer prächtigen Kröte.

Immerhin erfährst du von den anderen Kröten, daß sie auch alle einmal Schatzsucher waren. Auch sie wurden von der Alten verhext, weil sie sich schlecht benahmen! Tja, wie sagt ein altes Sprichwort? Übermut tut selten gut!

Vielleicht kannst du auch als Kröte dem Leben interessante Seiten abgewinnen, aber die Schatzsuche mußt du wohl aufgeben! Schade!

21

Du leuchtest noch einmal das Ende dieses Höhlenastes aus und entdeckst – einen Wolf! Allerdings jagt dir das Tier keine Angst ein. Entkräftet liegt es auf dem Boden und starrt dich so hilfesuchend an, daß du gar nicht anders kannst, als niederzuknien und über sein schütteres Fell zu streichen. Weiter bei **22**.

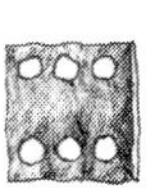

22

Dann stöberst du lange in deinem Rucksack nach der Notfall-Ration. Endlich hast du sie gefunden. Du teilst ein Konzentrationskeks mit dem alten Wolf und verfütterst ein paar Vitamin-Pillen an ihn. Sie scheinen ihm gutzutun. Er kommt wieder auf die Beine, streckt sich ein paarmal und läuft den Gang zurück, den du gekommen bist. Dabei sieht er sich nach dir um, als wollte er dich einladen, ihm zu folgen. Dir bleibt ohnehin nichts anderes übrig. Nach kurzer Zeit habt ihr die *Gasnerwand* erreicht. Der Abstieg gestaltet sich nicht gerade einfach, und du wunderst dich, wie geschickt der Wolf die Felswand bewältigt. Wahrscheinlich hat er den Weg schon oft und oft zurückgelegt. Ihr kommt rasch voran. Bald seht ihr schwachen Laternenschein vor euch. Das Tier gibt einen Freudenlaut von sich. Du bist überzeugt, daß du es mit dem letzten Wolf aus dem Dunkelsteiner Wald zu tun hast.

Das blasse Licht vor euch kommt aus der Laterne des Zwerges, den du schon früher getroffen und jetzt wieder eingeholt hast. Du fragst ihn, ob du ihm ein kurzes Stück Weges Gesellschaft leisten darfst. Der Kleine scheint nichts dagegen zu haben. Weiter bei **61**.

23

Du wartest eine Viertelstunde, dann noch eine. Der schwarze zottige Hund läuft unterdessen unruhig im *Eisdom* auf und ab. Langsam wird dir kalt. Mit aller Kraft unterdrückst du ein verräterisches Zähneklappern. Jetzt mußt du bald etwas unternehmen! Sonst frierst du fest und schmückst die nächsten paar Jahrhunderte als neue Statue diesen unterirdischen Raum. Entweder trittst du dem Hund entgegen (weiter bei **149**) oder du suchst dein Heil in der Flucht (weiter bei **11**).

24

Das war mehr als leichtsinnig! In den Ötscherhöhlen wimmelt es an manchen Tagen geradezu von Gnomen, Kobolden, Alraunen und Wichteln, die nur darauf aus sind, dem Besucher einen Denkzettel zu verpassen. Die meisten von ihnen sind im Grunde genommen nicht wirklich bösartig, aber jederzeit zu frechen Streichen aufgelegt. Du bist noch nicht einmal zehn Meter gegangen, da vernimmst du auch schon unheilvolles Scheppern und Klirren, das genau aus der Gegend kommt, in der du dein Gepäck zurückgelassen hast! Schlimmes ahnend, eilst du zurück und kletterst eilig durch das *Windloch*, diesmal in der anderen Richtung, was nicht weniger beschwerlich ist. Der Anblick, der sich dir bietet, ist verheerend! Weiter bei **92**.

25

Du beißt die Zähne zusammen. Dann untersuchst du die Hand und berührst die pelzigen kleinen Finger. Sie fühlen sich kalt an. Auf einmal fangen sie an, sich zu bewegen, schließen sich zur Faust und strecken sich wieder. Wie wild schiebst du mit deinen Händen den Schutt beiseite. Nach und nach schaufelst du ein kleines, grünbehaartes Wesen frei, das plötzlich die Augen aufschlägt und dich ganz erstaunt anblickt. Es scheint sich um einen Waldschrat zu handeln. Stumm sitzt ihr euch eine Weile gegenüber. Schließlich bricht der kleine Kobold sein Schweigen. Er versucht dir zu erklären, daß Waldschrate einen äußerst festen Schlaf haben, der mehrere Jahre dauern kann. Darum hat er nicht bemerkt, wie er vom herabrieselnden Schutt langsam zugedeckt wurde. „In dem Wald, in dem ich früher wohnte, wäre mir das nicht passiert!“ seufzt der Kleine.

Höflich erkundigst du dich nach dem früheren Heimatort des Kobolds.

„Ich lebte in den Wäldern zwischen Freiland und Hohenberg“, schluchzt der Schrat. „Bis die Bäume krank wurden. Da mußte ich in die Ötscherhöhlen übersiedeln!“ Dann trocknet er seine grünen Tränen und versichert dir, daß du nur nach dem Waldschrat Schradl rufen mußt, wenn du je Hilfe in den Ötscherhöhlen brauchen solltest. Er dankt dir noch einmal überschwenglich für die Rettung aus dem Schutthaufen und umarmt dich. Du benützt die Ge-

27 *Plötzlich gibt der Stein nach, auf dem du stehst, und du verlierst das Gleichgewicht! Die Hexe wirbelt herum und krächzt haßerfüllt: „Bufo! Bufo! Bufo vulgaris!“*

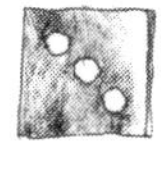

legenheit und erwähnst so nebenbei, daß du eigentlich wegen des Gula-Schatzes hier bist. Aber davon weiß Schradl nichts. Oder will er nichts davon wissen?

Als ihr euch voneinander verabschiedet, hast du das Gefühl, einen Freund gewonnen zu haben. Weiter bei **105**.

26

Enttäuscht und entmutigt kehrst du zur *Wilden Halde* zurück und gelangst zum *Reitgrat*. Weiter bei **43**.

27

Leise pirscht du dich an die Alte heran. Mit der Rechten faßt du den Eispickel, mit der Linken hältst du das Seil bereit, um die Hexe damit zu verschnüren. Du duckst dich zum Sprung. Plötzlich gibt der Stein nach, auf dem du stehst, und du verlierst das Gleichgewicht! Die Hexe wirbelt herum und krächzt haßerfüllt: „Bufo! Bufo! Bufo vulgaris!“ Weiter bei **20**.

28

Der Wicht klemmt dich unter den Arm und klettert mit dir die *Gasnerwand* hinab. Ein Unglück aber

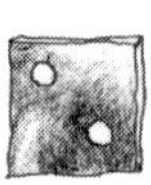

kommt selten allein! Anstatt dich laufen zu lassen, steigt der Zwerg, unten angekommen, auf deinen Rücken und benützt dich als Reittier! Ein kleiner Trost: Auerwild steht unter Naturschutz. So gesehen wird dir nichts Schlimmeres mehr geschehen. Die Schatzsuche kannst du allerdings vergessen.

29

Du Unglücksrabe! Du Pechvogel! Das war die falsche Entscheidung! Weiter bei **142**.

30

Da hast du gut daran getan, der Natter die Krone zu lassen! Leider hast du kein Taschentuch bei dir, das noch reinweiß wäre. Nein, du brauchst gar nicht erst zu suchen. Schade! Kranlnattern legen nämlich ihre goldenen Kronen nur auf solchen weißen Tücher ab. Dann hat man nichts anderes mehr zu tun, als das Kleinod einzuschlagen und damit rasch wegzulaufen. Das nächste Mal weißt du es besser ...

Jetzt bleibst du am besten regungslos stehen und rührst dich nicht vom Fleck, bis die kleine Natter vorbeigekrochen ist!

Gut gemacht! Nun aber endlich weiter in die *Schatzgräberhalle!* Weiter bei **31**.

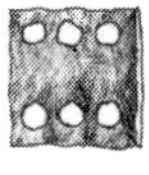

31

Du hast beschlossen, dem Rat der Stimme aus dem Großen Schacht zu folgen, kommst in die *Schatzgräberhalle*, verläßt sie aber, ohne dich lange aufzuhalten, und gelangst durch einen Höhlenast in den *Eisdom*. Hier wendest du dich, wie man dir empfohlen hat, dem linken Gang zu. Weiter bei **145**.

32

Eine grenzenlose Verzweiflung will dich überkommen. Was für ein grausames Spiel treibt man hier mit dir? Plötzlich bemerkst du, daß das Schloß ohnehin geöffnet ist!

„Du hast den Schlüssel, der die Schatztruhe aufsperrt, längst gefunden!“ lächelt Döbler. „Der Schlüssel heißt Geduld, Vertrauen, Mitleid und Achtung, Achtung vor dem anderen und dem Andersartigen! Und noch etwas: Der Schatz gehört nicht dir allein! Alle diese Fabelwesen und Sagengestalten, die sich heute und hier im *Eisdom* versammelt haben, waren durch Jahrzehnte und Jahrhunderte Wächter und Hüter dieses Schatzes. Nie haben sie auch nur ein Goldstück Lohn dafür empfangen! Gut die Hälfte der Reichtümer, die dir hier in der Truhe entgegenfunkeln, müßte ich eigentlich für die Bewohner der Ötscherhöhlen zurückbehalten.

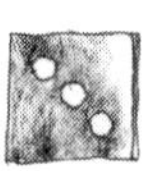

Aber wir haben es uns anders überlegt. Die meisten von uns sind nicht glücklich hier in ihrem Exil. Sie würden gerne wieder dorthin zurückkehren, woher sie vor langer Zeit gekommen sind: in stille Berge, saubere Flüsse, in gesunde Wälder und Äcker, in reine Luft. Fast anderthalb Jahrtausende war der Schatz im Geldloch – jetzt möchten wir ihn den Menschen zurückgeben, damit sie die Schäden wieder gutmachen, die sie angerichtet haben. Wir haben lange beraten, und es ist uns nicht leichtgefallen, diesen Entschluß zu fassen. Aber die Zeit drängt. Tote Flüsse und kranke Bäume mahnen uns, nicht mehr länger zuzuwarten. Der Schatz ist dein, wenn du versprichst, die Hälfte davon für eine Umwelt aufzuwenden, in der auch wir wieder Platz haben werden!“

Hunderte Augen sind auf dich gerichtet. So still ist es im Eisdom, daß man eine Nixenschuppe zu Boden fallen hören könnte. Du suchst nach passenden Worten, und als du endlich glaubst, welche gefunden zu haben, versagt dir vor Aufregung die Stimme. In der Kehle spürst du ein verdächtiges Kratzen. Da bleibt dir nichts anderes übrig als zu nicken, heftig zu nicken.

Ungeheurer Jubel, der nicht enden will, bricht los. Die Ötscherhöhlen dröhnen, und die Bergsteiger draußen auf dem Rauhen Kamm halten besorgt nach einem Gewitter Ausschau. Du hast es geschafft! Du hast dein Glück gemacht! Herzlichen Glückwunsch! Das ist vor dir noch keinem gelungen!

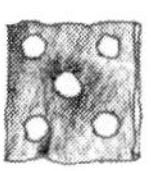

Du wirst von kräftigen Zwergenarmen gepackt und auf die Schatztruhe gehoben. Die Fabelwesen formieren sich zum Triumphmarsch. Dann geht es dem Ausgang der Höhle zu. Du bist zurzeit der reichste Mensch dieses Landes.

E n d e

PS: Vergiß dein Versprechen nicht!

Bevor du das Stückchen Wurst noch richtig auspacken kannst, hat es der Riesenhund schon verschlungen.

„Danke!“ bellt er. „Vielen Dank! Ich war schon knapp am Verhungern!“ Zu deiner Überraschung kannst du ihn ganz gut verstehen. Sein Bellen formt sich beim genauen Hinhören zu deutlichen Worten. Du erfährst, daß du einen arbeitslosen Almhund aus der Gegend der Eisenwurzen vor dir hast. Er beklagt sich bitter über sein Los: „Heutzutage braucht niemand mehr gute Hirtenhunde!“ Knurrend schimpft er über die elektrischen Weidezäune und läßt kein gutes Haar an den Schiläufern.

„Die Schiläufer?“ fragst du erstaunt und ein bißchen schuldbewußt. Du kannst dir beim besten Willen nicht erklären, wieso Schiläufer einen Almhund brotlos (bzw. fleischlos) machen können. „Ganz einfach!“ bellt er zornig. „Der Bauer, bei dem ich jahrelang im Dienst stand, hat seine Almweiden zu einem Schigebiet gemacht, Sessel- und Schlepplifte errichtet. Nach zwei Wintern konnte er kein einziges Rind mehr auf die Alm treiben, weil das Gras durch die Stahlkanten der Schier ruiniert war! So wurden nach und nach ganze Wiesen zerstört. Die Schifahrer fressen den Kühen das Heu weg, und für mich gibt es keine Verwendung mehr! Deswegen bin ich einfach weggelaufen, um hier in den Ötscherhöhlen zu leben.“

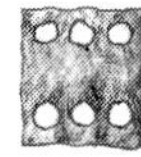

Der schwarze Hund, der jetzt gar nicht mehr so böse aussieht, möchte dir gern noch seine Knochensammlung zeigen, aber du winkst ab. „Vielleicht später einmal. Ich muß einen Schatz heben. Hast du schon davon gehört?“

Nein, hat er nicht. Verständnislos zuckt der Almhund mit den Ohren. „Frag doch den Meister!“ schlägt er vor.

„Den Meister?“

„Ja, den obersten Herrn und Meister der Ötscherhöhlen!“ Mehr will das Tier nicht verraten. Zum Abschied kraulst du es noch einmal hinter den Ohren. Dann wanderst du weiter. Im *Eisdom* gabelt sich die Höhle. Willst du deine Schatzsuche im linken Ast fortsetzen (weiter bei **145**) oder im rechten (weiter bei **97**)?

34

Nach wenigen Schritten kommen dir bereits Zweifel, ob dein Entschluß richtig war. Der Wicht scheint schon bemerkt zu haben, daß du hinter ihm her bist! Er könnte dich in die Irre führen, in eine Falle locken. Womöglich will er dich sogar einem Monster ausliefern! Was dann? Du kannst deine Entscheidung noch einmal überdenken:

- Du möchtest dem Kleinen auf den Fersen bleiben. Weiter bei **141**.
- Du wirst den Zwerg angreifen und ihm den Schlüssel rauben (falls er überhaupt einen hat). Weiter bei **118**.

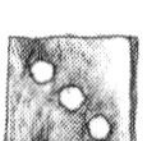

- Oder wendest du dich lieber den beiden Höhlenästen zu? Wenn dich der rechte Gang mehr interessiert, geht es weiter bei **77**.
  Willst du aber dem linken Gang folgen, blättere zu Abschnitt **100**.

35

Hinter dem ersten *Windloch* erweitert sich der Gang wieder zu einem hallenartigen Raum. Du entdeckst einen in Fels gehauenen Pfeil, der bergeinwärts zeigt. Weil du bis jetzt alles andere als einen Schatz entdeckt hast, beschließt du, in Pfeilrichtung weiterzugehen.

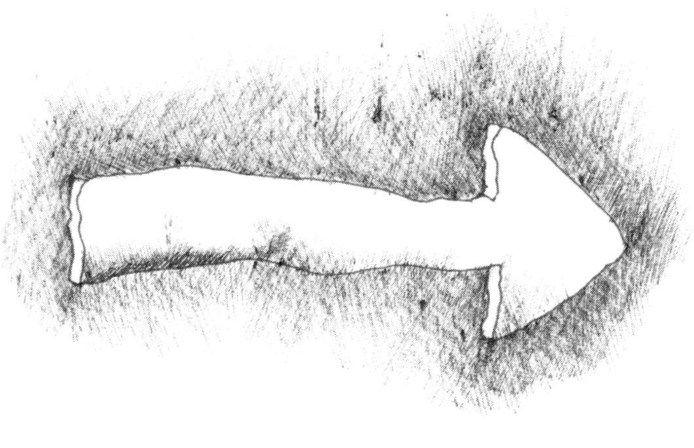

Nach zehn oder fünfzehn Schritten – du siehst dich eben in der Halle um, in der du dich befindest – hörst du auf einmal Hufgetrappel und zorniges

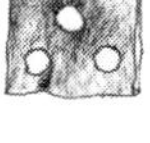

Pfauchen hinter dir. Du drehst dich um. Mit Entsetzen siehst du ein hirschgroßes Tier auf dich zugaloppieren. Der Kopf mit den langen Hörnern ist zum Angriff gesenkt. Seine Augen leuchten wie glühende Kohlen, und aus den Nüstern des riesigen Ziegenbocks steigen weiße Dampfwolken. Sollst du flüchten (weiter bei **111**)? Oder willst du dich dem Tier stellen und mit ihm kämpfen (weiter bei **74**)?

36

Kein noch so starker Scheinwerfer könnte bis auf den Grund des *Großen Schachtes* leuchten! Man sagt, daß er an die vierhundert Meter tief sein soll! Die Drahtseilleiter, welche in die schwarze Finsternis hinabführt, muß schon vor längerer Zeit von Höhlenforschern angebracht worden sein. Sie sieht nicht gerade einladend aus. Sollst du wirklich den Abstieg versuchen? Weiter bei **55**.

37

Da hast du gut gewählt! Dieses Modell ist wegen seiner Seitenklappen im allgemeinen der beste Schutz gegen Basiliskenblicke. Hoffentlich ist die Brille noch in Ordnung!

Würfeln (oder Daumenkino)!

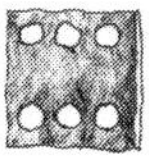

Leider sind beide Schutzgläser irgendwann während deines Höhlenaufenthalts zerbrochen. Du hättest die Brille in ein Etui geben sollen! Das Brillengestell ohne dunkle Gläser ist hier natürlich nutzlos. Der Blick des Basilisken trifft dich. Das Schicksal nimmt seinen Lauf! Weiter bei **50**.

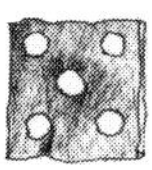 oder 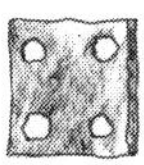

Deine Sonnenbrillen schützen die Augen vollständig vor dem verderblichen Geschau des Monsters. Du kannst seinen Blick sogar ungestraft erwidern, ihm auch streng in die Augen starren! Weiter bei **38**.

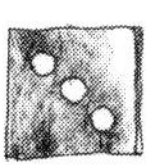 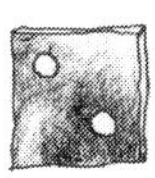 oder 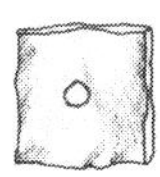

Eines der beiden dunkel getönten Gläser ist in der Außentasche des Rucksackes zerbrochen, als du vom Wasserfall zur Sohle der ersten Schachtstufe gespült wurdest. Als sich der Basilisk dir zuwendet, deckst du geistesgegenwärtig das ungeschützte Auge mit der flachen Hand zu. So kann dir nicht viel Schlimmes geschehen. Weiter bei **38**.

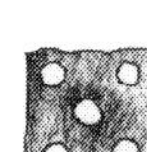

38

Der Basilisk bemerkt, daß dir sein Blick nichts anhaben kann. Plötzlich beginnt er zu reden! Er spricht sehr höflich, entschuldigt sich für seinen schlechten Atem und erklärt dir – ob du es nun wissen willst oder nicht – daß er früher in einem tiefen Brunnenschacht zu Wien gelebt, aber sein Zuhause beim Bau der U-Bahn verloren hat. Ein befreundeter Feuersalamander hat ihm geraten, in die Ötscherhöhlen zu ziehen. Das mit dem Blick sei ihm selber sehr unangenehm, aber er können es nun nicht ändern.

Plötzlich hast du eine deiner berühmten Ideen. Du schließt die Augen ganz fest, nimmst die Sonnenbrille ab und tastest dich zu dem gefährlichen Reptil. Als du seinen Kopf in deinen Händen spürst, drückst du ihm einfach deine Sonnenbrille auf die Augen. Dieses Problem wäre gelöst. Hoffentlich gibt es nicht mehr Basilisken im *Geldloch!* Das Tier aber scheint glücklich und stolz über die Sonnenbrille zu sein. Treuherzig verspricht es, die Brille nie mehr abzulegen. Uff! Das hätte schlimm ausgehen können! Weiter bei **109**.

39

Als der Wassermann für Sekunden seinen Blick von dir wendet, ergreifst du einen Stein und schleuderst ihn mit aller Kraft in Richtung des grünbemoosten Erlauftalers. Hast du den Wassergeist getroffen? Würfeln (oder Daumenkino)!

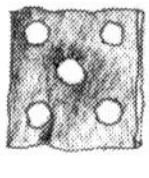

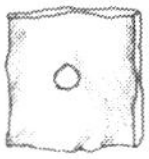 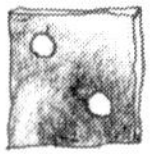 oder 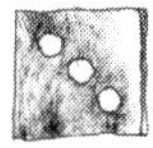

Der Wassermann zuckt zusammen. Dein Stein hat ihn am Kopf verletzt! Drohend schüttelt er die Faust, bevor er unter der glatten Oberfläche des Sees verschwindet. Weiter bei **40**.

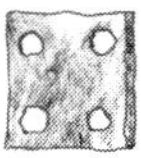 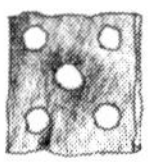 oder 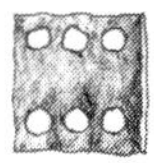

Der Stein hat sein Ziel verfehlt! Blitzschnell taucht der Wassermann unter. Weiter bei **40**.

40

„Na also!" knurrst du, als der Wassermann nicht mehr zu sehen ist. Du kletterst in dein Mini-Schlauchboot und stößt dich vom Ufer ab. Den Spaten benützt du als Ruder. Als du etwa die Mitte des *Eissees* erreicht hast, spürst du, wie das Boot plötzlich hochgehoben wird. Bevor du noch irgend etwas dagegen tun kannst, stürzt du kopfüber in das eisige Wasser! Weiter bei **41**.

41

Mit Entsetzen merkst du, wie du trotz deiner Schwimmweste in die Tiefe gezogen wirst. Es ist nicht der Wassermann, es ist dein eigener schwerer Rucksack! Du strampelst, schlägst wild um dich! Schon wird die Luft knapp! Da gelingt es dir endlich, die Tragriemen abzustreifen und dich von der Last zu befreien, die dich beinahe ins nasse Grab gezogen hätte. Mit letzter Kraft taumelst du ans Ufer. Deine kostspielige Ausrüstung sinkt mittlerweile auf den Grund des *Eissees* – und mit ihr auch die wertvolle Höhlenkarte! Die Schatzsuche ist für dich zu Ende! Eine Verkühlung wird dich noch ein paar Tage an dein unfreiwilliges Bad erinnern. Was mußtest du auch den Stein nach dem Wassermann werfen! Unmensch! Rohling! Grobian!

42

Falsch! Wieder zu **108**!

43

Ohne weitere Zwischenfälle kommst du von einer Halde zur anderen, passierst die beiden Windlöcher – inzwischen weißt du ja, wie man solche Engstellen meistert – und gelangst wieder in den *Eisdom*. Weiter bei **97**.

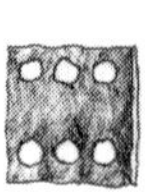

44

Jenseits der *Gasnerwand*, die du eben bewältigt hast, setzt sich die Höhle fort und gabelt sich neuerlich in zwei Äste. Du zögerst und überlegst, welchen Gang du wählen sollst. Auf einmal hörst du Schritte! Sie nähern sich rasch. Sollst du dich verstecken (weiter bei **138**)? Oder willst du einfach abwarten, wer oder was da auf dich zukommt (weiter bei **130**)?

45

Du spürst einen brennenden Schmerz, der sich durch das ganze Bein zieht. Dazu befällt dich die Angst, die Natter könnte giftig sein. Hastig durchsuchst du deine kleine Apotheke, aber ein Mittel gegen Schlangengift hast du nicht dabei! Was tun? Natürlich würfeln!

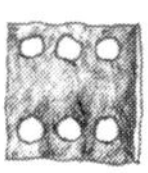 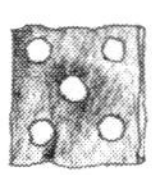 oder 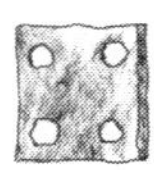

Pech gehabt! So zahlst du für deine Habgier! Der Biß der Kranlnatter hätte eine ganze Touristentruppe ins Jenseits befördern können! Du bist erledigt!

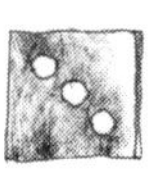 oder 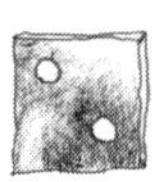

Der Biß ist nicht ganz so gefährlich wie befürchtet. Immerhin ist es notwendig, möglichst rasch einen

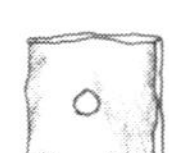

Arzt zu erreichen. Du verläßt das *Geldloch* auf kürzestem Weg, nachdem du die Wunde fürs erste versorgt hast. In deiner Eile vergißt du allerdings die kleine Krone in der Höhle. Falls du es nicht glaubst: Man kann die Schatzsuche auch erfolgreich abschließen! Du kannst es ja später noch einmal versuchen.

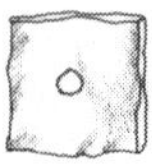

Glück gehabt! Der Biß der Natter traf vor allem deinen Schuh, so daß dir nicht viel geschehen ist. Immerhin hast du eine Verletzung, die du nicht auf die leichte Schulter nehmen solltest. Weiter bei **46**.

46

Als du dich bückst, um die kleine Wunde zu versorgen, fällt das Krönlein zu Boden und rollt in eine Felsspalte. Es ist unwiederbringlich verloren! So spielt das Leben! Jetzt aber weiter in die *Schatzgräberhalle!* Zu Abschnitt **31**!

47

Was immer dieses riesige Ding auch sein mag, es macht dir Angst! Unter seinen heftigen Bewegungen erzittert die ganze *Schatzgräberhalle!* Da erinnerst du dich an das Angebot des kleinen Waldschrates, den du aus den Schuttmassen befreit hast. Weiter bei **48**.

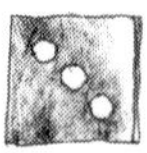

49 *„Beim Döbler! Das ist unser Drache! Bonzo, was machst du in diesem Schlot? Wahrscheinlich steckt er fest!“*

48

„Schraaaaadl!“ rufst du mit deiner lautesten Stimme. Es dauert nicht lange, da ist der grünbehaarte Waldgeist zur Stelle. Verlegen grinsend, deutest du auf das schlängelnde Monster. Weiter bei **49**.

49

„Beim Döbler! Das ist unser Drache!“ ruft der Waldschrat. „Bonzo, was machst du in diesem Schlot? Wahrscheinlich steckt er fest!“ Der kleine Kobold wendet sich an dich: „Ich brauche schon wieder deine Hilfe – und dein Seil!“

Willst du dem Waldschrat bei der Befreiung des Drachen helfen, dann blättere zu Abschnitt **69**. Wenn dir aber das Unternehmen zur Rettung der Riesenechse zu gefährlich vorkommt, geht es für dich bei **68** weiter.

50

Jetzt hat dich das Scheusal bemerkt. Ein fürchterlicher Blick aus Basiliskenaugen trifft dich. Er geht dir durch Mark und Bein. Du fröstelst. Auf einmal hast du das Gefühl, als ob das Blut in deinen Adern stocken würde! Die Gliedmaßen versagen dir den Dienst. Kälte kriecht in deine steifen Gelenke – du versteinerst! Tja, das Leben kann ganz schön hart sein …

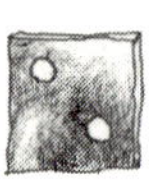

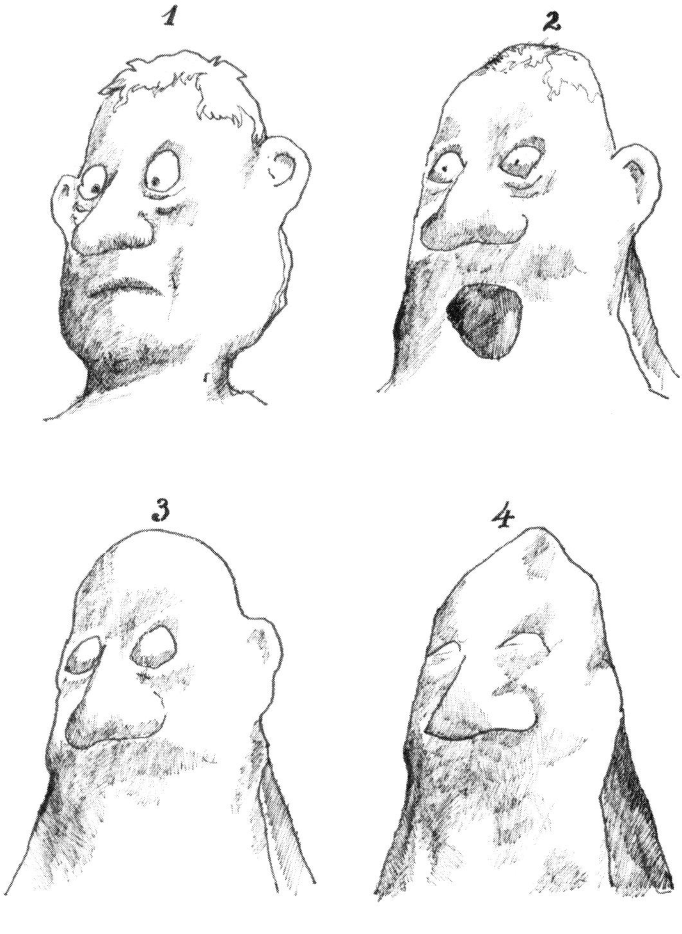

50 *So oder ähnlich dürfte sich die Versteinerung des Schatzsuchers Franz Xaver P. aus Sch. – vermutlich ausgelöst durch den Blick eines erwachsenen Basilisken – am 1. August 1899 abgespielt haben.*

Ein schwacher Trost für dich: Auch vor dir ist es schon vielen Besuchern der Ötscherhöhlen so ergangen. Woher, meinst du, kämen sonst die vielen, vielen Felszacken und Türmchen hier im Ötschergebiet? Der Riese Kaspar etwa, ein Felsgebilde, dem man sogar heute noch seine Menschenähnlichkeit anmerkt! *

Und noch etwas: Die Sache bleibt – natürlich – unter uns!

51

So herzlos kannst du doch gar nicht sein! Los, überwinde dich! Sieh nach, welche Bewandtnis es mit dieser Hand hat! Weiter bei **25**.

52

Falsch! Wieder zu **108**!

53

Wenn du lauscht, hörst du nur das Geräusch deiner eigenen Schritte. Aber du wirst das unangenehme Gefühl nicht los, daß dir jemand auf den Fersen ist.

* Der Riese Kaspar ist auf dem Weg zwischen *Riffelsattel* und dem *Ötscherschutzhaus* anzutreffen.

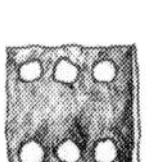

53 *Als du dich kurz vor dem Ende der Trümmerhalde umdrehst, zuckst du erschrocken zusammen: Im Lichtstrahl deiner Lampe erkennst du die Umrisse eines riesigen Tieres. Ein Bär!*

Und du hast dich nicht getäuscht! Als du dich kurz vor dem Ende der Trümmerhalde umdrehst, zuckst du erschrocken zusammen: Im Lichtstrahl deiner Lampe erkennst du die Umrisse eines riesigen Tieres, das auf leisen Sohlen hinter dir hertappt! Ein Bär!

Angreifen? Abwarten? Flüchten? Bevor du noch eine Entscheidung treffen kannst, hat sie dir der Meister Petz schon abgenommen.

„Keine Angst!" brummt er. „Vor mir braucht sich niemand mehr zu fürchten! Ich bin schon altersschwach und müde!"

„Müde bin ich auch", gestehst du, etwas erleichtert, daß dich der Bär nicht bedroht. Hoffentlich ist das keine heimtückische Finte! Auf alle Fälle solltest du auf der Hut sein.

„Hast du meinen Freund nicht gesehen?" fragte der Bär.

„Deinen Freund? Ist das auch ein Höhlenbär?"

„Ich bin kein Höhlenbär!" erklärt Meister Petz. „Ich bin ein Braunbär! Ich bin der letzte Bär von Türnitz!"

„Nein!" rufst du überrascht. „Das gibt es nicht! Der letzte Bär von Türnitz steht ausgestopft im Tierkabinett des Stiftes Lilienfeld!"

„Das", brummt der Bär, und es sieht aus, als ob er bei diesen Worten ein wenig schmunzeln würde, „das war der vorletzte Bär von Türnitz! Allen Jägern bin ich entwischt! Ehrlich gestanden, ich habe mir meinen Lebensabend auch schöner vorgestellt, in einem Tierpark in der Falkenschlucht oder in ei-

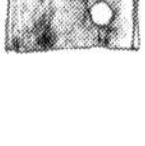

nem Freigehege auf dem Höger. Aber für unsereins hat ja niemand Geld. Wir sind die großen Schädlinge, wenn wir einmal ein Schaf reißen! Trotzdem will ich mich nicht beklagen. Besser lebend im *Geldloch* als ausgestopft im Stift!“

„Und dein Freund?“

„Ist der letzte Wolf aus dem Dunkelsteiner Wald. Er hat heute Schlüsseldienst und sollte den Schlüssel bei der Milchhexe abliefern. Eigentlich müßte er längst zurück sein. Ich beginne, mir Sorgen um ihn zu machen. Er ist nicht mehr der Jüngste!“

Du verstehst überhaupt nichts. „Den Schlüssel bei der Milchhexe abliefern? Welchen Schlüssel? Welche Milchhexe?“

„Es ist der Schlüssel zu einem Schloß“, verrät der letzte Bär von Türnitz. „Das Schloß verschließt eine Truhe, und in der Truhe ...“ Mit einem Mal schlägt er sich mit der Vorderpfote auf das Maul. „Ich habe schon zu viel gebrummt, ich alte Plaudertasche. Die Milchhexe wirst du vermutlich noch kennenlernen. Also, wenn du den alten Wolf triffst, sag ihm, er soll sich beeilen! Hast du übrigens zufällig ein bißchen Honig für mich?“

Du bedauerst. Alles, was du dem Braunbären anbieten kannst, ist dein vorletzter Apfel. Der Bär freut sich sichtlich darüber. Er bedankt sich, macht kehrt und verschwindet wieder auf leisen Sohlen. Weiter bei **131**.

54

Du verabschiedest dich von den Räubern und versicherst ihnen, später einmal ein paar Runden zu spielen, sobald du den Schatz der Witwe Gula gefunden hättest. Die Drei brechen in schallendes Gelächter aus. „Aussichtslos!“ verrät dir Hugo Schenk. „Meine Freunde und ich sind jahrzehntelang hinter dem Schatz her gewesen! Inzwischen haben wir die Suche längst aufgegeben. Der Gula-Schatz ist unauffindbar!“

Du verläßt die drei alten Strauchritter und setzt deinen Weg fort. Der rothaarige Förstl, der schwarze Kiwitzl und Hugo, der Schrecken vom Haspelwald, haben dir aufgetragen, ihnen möglichst bald einen neuen Kartenspieler zu schicken. „Am besten den Herzog Leopold!“ ruft dir Hugo Schenk noch nach. Was, der soll sich auch in den Ötscherhöhlen aufhalten? Weiter bei **94**.

55

Du nimmst den letzten Rest Mut, der dir geblieben ist, zusammen. Wer wagt, der gewinnt, sagst du, während du langsam auf der schwankenden Drahtseilleiter in die gähnende Tiefe kletterst. Als du ungefähr die Hälfte des ersten Teils hinter dir hast, spürst du einige Wassertropfen im Gesicht. Merkwürdig! Wieder sprüht eine feine Wasserfontäne über dich hinweg, wird auf einmal stärker! Sicker-

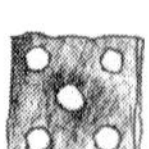

wasser! Draußen muß ein Gewitterregen niedergehen! Plötzlich schießen ganze Sturzbäche von Niederschlagswasser, das durch die Klüfte des Rauhen Kammes in die Höhle eingedrungen ist, in den Schacht! Du bist in allerhöchster Gefahr!

Entscheide dich, ob du die Leiter hochkletterst, hinauf zum Einstieg des *Großen Schachtes*, oder möglichst rasch abwärts steigst! Schnell! Du darfst keine Sekunde mehr verlieren! Ein rauschender Wasserfall spült über dich hinweg! Du schnappst nach Luft. Mit größter Mühe hältst du dich noch an den Sprossen der Leiter fest. Du versuchst, nach oben zu kommen (weiter bei **29**)? Kletterst du aber so schnell wie möglich nach unten, geht es bei **86** weiter.

56

Falsch! Zurück zu **110**.

57

Du hast dich wieder einigermaßen erholt und kletterst dem Roten Heinz durch die Kluft nach. Sie wird durch große, ineinander verkeilte Blöcke gebildet. An ihrem Ende steht ihr vor einem weiteren Absturz, der mehr als hundert Meter senkrecht in die Tiefe führt. Der Heinzelmann macht halt und wirft ein paar Steinchen in den Abgrund. Dann legt

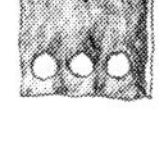

er sich auf den Bauch, hält die Hände wie einen Trichter vor den Mund und ruft mit lauter Stimme in die Tiefe: „Ich habe den Fremdling mitgebracht, Herr und Meister!“ Sprachlos vor Staunen hörst du zu. Angeblich verzweigt und verästelt sich die Höhle unter diesem Hundert-Meter-Absturz nochmals in mehrere Teile. Und dort unten, fast einen halben Kilometer tiefer als der Einstieg, soll der Meister der Ötscherhöhlen wohnen?

Nach einer Weile kommt wie aus weiter Ferne wirklich Antwort aus dem Schacht: „Gib ihm einen Schlüssel! Und dann verständige alle Bewohner der Ötscherhöhlen! Ich wünsche sie in einer Stunde bei der Versammlung im *Eisdom* zu sehen!“ Weiter bei **58**.

58

Der Heinzelmann rollt einen schweren Stein beiseite. Eine Felsspalte wird sichtbar. Mit zielsicherem Griff holt der Rote Heinz einen rostigen alten Schlüssel daraus hervor. Verblüfft starrst du ihn an. Die ganze Zeit hast du gedacht, der Zwerg hätte den Schlüssel bei sich!

Der Rote Heinz betrachtet dich noch einmal lange und prüfend. Dann drückt er dir das rostige Ding in die Hand. „Alles Gute!“ sagt er leise. „Den Weg in den *Eisdom* findest du ja auch ohne mich. Ich habe jetzt anderes zu tun!“ Weiter bei **59**.

59

Mit einem Mal bist du mächtig aufgeregt. Du hast den Schlüssel zum Schatz der Witwe Gula! Du bist ganz knapp vor deinem Ziel! Langsam kehrst du durch die Kluft zurück zur Sohle des ersten Schachtteils und beginnst, die Drahtseilleiter hochzuklettern. Immer wieder mußt du Pausen einlegen, so heftig klopft dein Herz! Was wird dich im *Eisdom* erwarten? Weiter bei **60**.

60

Hundert Gedanken gehen dir durch den Kopf, während du durch die enge Kluft schlüpfst, die *Schatzgräberhalle* hinter dir läßt (für immer?) und den Höhlenast betrittst, der zum *Eisdom* führt. Ist der Schatz überhaupt irgendwo in der Höhle vergraben? Oder wird er einmal hier versteckt und dann wieder dort, um alle Glücksritter zum Narren zu halten? Warum gibt der Rote Heinz gerade dir den Schlüssel? Und wie wirst du den ganzen Reichtum aus der Höhle schaffen? Du bist dir nämlich sicher, daß der Gula-Schatz im *Eisdom* schon auf dich wartet. Hoffentlich hast du recht! Weiter bei **129**.

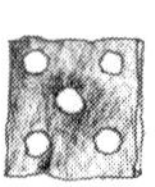

61

Anfangs gibt sich der Rote Heinz – er ist es wirklich – ziemlich wortkarg. Besonders wenn du auf den Gula-Schatz zu sprechen kommst, wird er recht einsilbig. Immerhin ist er bereit, ein wenig über sich selbst zu reden. Nach und nach bringst du aus ihm heraus, daß er zur Gattung der Heinzelmänner gehört (den Ausdruck „Heinzelmännchen" verabscheut er) und einen mehrwöchigen Genesungsurlaub in den Ötscherhöhlen verbringt. Er hat sich nämlich seine Zwergenhaut an einigen Stellen mit einem giftigen Abflußreiniger verätzt, als er im Haushalt einer siebenköpfigen Familie aus Mitterbach helfen wollte. Darum ist er auch so schlecht auf die Menschen zu sprechen. „Sie machen es den Heinzelmännern unmöglich, sich in ihren Wohnungen und Häusern aufzuhalten", schimpft er. Und er zählt dir auf, was für diese Zwergenart alles gefährlich, ja sogar lebensbedrohend ist: Waschpulver, Putz- und Spülmittel, Glasreiniger, Sprühdosen, viele Lacke, Farben und Holzschutzmittel. Weiter bei **62**.

62

Gemeinsam wandert ihr über die *Wilde Halde*, den *Reitgrat*, die *Trümmerhalde* und die *Kleine Schutthalde* zum zweiten *Windloch*. Höflich läßt du dem Heinzelmann den Vortritt. Eine Zeitlang begleitet

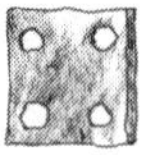

62 *Der Hase aber wächst munter weiter. Jedesmal wenn du dich nach ihm umdrehst, entblößt er mit einem boshaften Lächeln seine riesigen gelben Nagezähne.*

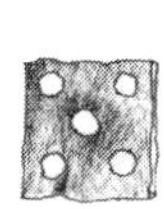

euch ein Hase, der dich mit neugierigen Augen betrachtet. Zunächst findest du nichts Außergewöhnliches an ihm, bis du merkst, daß er mit jedem Schritt größer wird! In der ersten Halle hat er die Größe eines Schäferhundes erreicht, in der zweiten ist er, selbst mit angelegten Löffeln, höher als du! Besorgt hältst du dich knapp hinter dem Roten Heinz. Der Hase aber wächst munter weiter. Jedesmal wenn du dich nach ihm umdrehst, entblößt er mit einem boshaften Lächeln seine riesigen gelben Nagezähne. Sie sehen recht bedrohlich aus. Du ahnst natürlich längst, mit wem du es zu tun hast: mit einem Teufelshasen. Inzwischen ist er auf Nilpferdgröße angewachsen und füllt beinahe die ganze kleine Halle aus, durch die ihr eben marschiert. „Kümmere dich nicht um ihn“, beruhigt dich der Heinzelmann. „Er will dir bloß ein wenig Angst machen. Menschen kann er einfach nicht ausstehen. Nicht nur wegen der Treibjagden, die ihr jeden Herbst veranstaltet. Er ist auch böse, weil so viele seiner Verwandten auf den Straßen von Autos überfahren werden. Im Grunde genommen wünscht er sich nichts anderes, als wieder in die Kraut- und Rübenäcker des Gölsentales zurückzukehren, um dort als gewöhnlicher Feldhase weiterzuleben. Aber zurzeit, sagt er, sei das nicht möglich. Zu viel Kunstdünger!“ Weiter bei **63**.

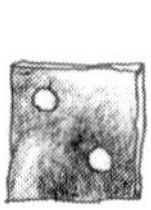

63

Ihr habt mittlerweile das erste *Windloch* erreicht und zwängt euch durch die Engstelle. Der Gölsentaler Teufelshase bleibt zurück. „Er müßte ja wieder auf natürliche Größe schrumpfen“, erklärt dir der Rote Heinz. „Das will er aber nicht vor deinen Augen. Er hofft, daß er dich mit seiner Größe beeindruckt hat!“ Das hat er. Weiter bei **101**.

64

Mit deinem Pickel klopfst du an die Wände und hämmerst gegen die Felsen, daß die Funken sprühen. Immer wieder horchst du, ob sich hohle Stellen ausfindig machen lassen. Nichts. Jetzt packst du wild entschlossen den Spaten aus und baggerst damit im losen Schutt, schaufelst die Steine eifrig von einer Ecke zur anderen. Das ganze *Taubenloch* dröhnt von deinem Arbeitslärm.

Plötzlich tauchen drei langhaarige, verwegen aussehende junge Frauen vor dir auf. Sie tragen weder Kniebundhosen noch Bergschuhe, sondern sind in lange, fließende Gewänder gehüllt. Verwundert legst du deinen Spaten weg. Bei näherem Hinsehen fällt dir auf, daß die drei Schönen doch sehr über- oder unterirdisch aussehen, keinesfalls wie Wesen aus dem Diesseits. Im ersten Augenblick hätte man sie für Urlauber aus Übersee halten können! Immerhin sind sie eitel genug, ihre wunderschönen

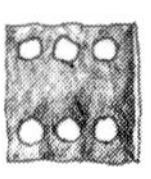

langen Haare zurechtzustreifen, als du den Fotoapparat zückst, um die prachtvollen Geschöpfe abzulichten. Höflich, aber bestimmt verlangen sie von dir, daß du auf der Stelle aufhörst, hier im Taubenloch, ihrem Schlafplatz, solchen Krach zu machen. „Es lohnt nicht, in dieser Höhle irgendwelchen Schätzen nachzujagen“, behauptet die größte der drei Grazien. „Hier sind keine Schätze! Wir müßten es doch wissen, die Wildfräulein vom Kleinen Ötscher! Außerdem störst du unseren Schlaf, fremder Eindringling! Wir schlafen stets von sieben Uhr morgens bis sieben Uhr abends. Nachts, wenn wir unterwegs sind in den Klüften und Schluchten des Ötschers, kannst du schaufeln, wenn es dir Spaß macht!“

Das war deutlich! Da die drei Damen nicht so aussehen, als ob sie Widerspruch dulden, fügst du dich. Du bist inzwischen selbst schon fast davon überzeugt, daß hier im Taubenloch kaum was anderes zu finden sein dürfte als Felsen, Schutt und Dohlennester. Also stellst du die Arbeit ein und murmelst eine Entschuldigung. Es ist wohl das beste, einen Abstecher ins *Geldloch* zu wagen. Du packst deine Sachen und verläßt das Taubenloch. Die drei schönen Gestalten sind schon zuvor ins Innere der Höhle geschwebt. Weiter bei **152**.

65

Wenn du bloß wüßtest, wie man eine Hexe anspricht! Eure Garstigkeit? Krächzellenz?

Die Milch in der Schüssel, in der die Kröten herumgeplanscht sind, ist inzwischen zu goldgelber Butter geworden. Du räusperst dich mehrmals verlegen. Endlich hört dich die Alte. Sie dreht sich um und mustert dich unfreundlich. Du zwingst dich zu einem „Schönen guten Tag“ und bietest ihr – bevor sie noch einen bösen Hexenspruch murmeln kann – ein Stück Vollkornbrot aus deinem Proviant an: als Ergänzung zu ihrem Butterhäuflein. Die Kröten hüpfen erschrocken davon, als sie dich bemerken. Wortlos nimmt die Alte dein Brot, streicht mit ihrem langen Zeigefingernagel Krötenbutter darauf. Danach beißt sie gierig in das Butterbrot. Es scheint ihr zu schmecken. Höflich erkundigst du dich, ohne lang um den Brei herumzureden, nach dem kürzesten Weg zum Schatz der Witwe Gula. Aber zunächst kriegst du nur ein heiseres Lachen als Antwort. Dann setzt dich die Alte auf einen Felsen. Endlich hat sie jemanden gefunden, dem sie ihr Leben erzählen kann. Du unterdrückst einen Seufzer. Hoffentlich wird es keine unendliche Geschichte, denkst du und fügst dich ergeben in dein Schicksal. Die Hexe holt weit aus, beginnt bei ihrer Kindheit. Wenn es stimmt, was sie sagt, dann hat sie früher im Minichwald hinter Kreisbach gelebt. „Lange vor den Menschen“, krächzt sie mit ihrer heiseren Stimme, „merkte ich, daß die Bäume krank wur-

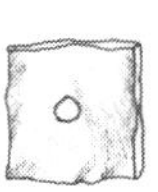

den; merkte, daß unsere Tage auf der Erde gezählt waren; merkte, daß uns immer weniger Lebensraum blieb. Wie viele andere Fabelwesen mußte ich mich in die Ötscherhöhlen zurückziehen, mit meinen Kröten. Sieh sie dir nur an! So selten sind sie schon, daß man sie unter Naturschutz stellen mußte, meine Freunde, die nützlichsten und schönsten Tiere, die man sich vorstellen kann! Glaub nur nicht, daß ich glücklich bin, hier in dieser Finsternis!" Die Hexe zerdrückt ein paar Tränen. Ihre Geschichte rührt dich. Weiter bei **66**.

66

Trotzdem kannst und willst du der Hexe nicht für immer Gesellschaft leisten. Bevor du dich verabschiedest, fragst du wie beiläufig: „Ach, noch was, hast du vielleicht den Schlüssel bei dir? Der Bär meint, du könntest ihn haben."

„Sososo", kichert die Hexe, „meint er das, der alte Dummkopf? Du denkst natürlich an einen ganz besonderen Schlüssel! An den Schlüssel, der zum Schloß gehört, das die Truhe verschließt, in der . . ." Die Alte unterbricht sich im Satz und droht dir scherzhaft mit ihrem langen dürren Zeigefinger. „Der Schlüssel ist nicht bei mir! Ich bin heute beim Buttermachen, wie du siehst. Da könnte ich ihn nicht aufmerksam genug bewachen. Es treibt sich ja so viel Diebsgesindel in der Höhle rum, kann ich dir sagen! Ich habe den Wolf zum Roten Heinz ge-

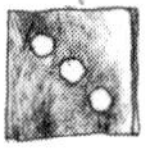

schickt. Geh nur weiter in diese Richtung!“ Dabei deutet sie bergeinwärts. „Du wirst die beiden schon treffen!“

Bevor du sie noch etwas fragen kannst, ist die Milchhexe aus dem Minichwald spurlos verschwunden.

- Willst du den Weg gehen, den dir die Hexe gewiesen hat? Weiter bei **132**
- Möchtest du lieber umkehren und in den *Eisdom* zurückwandern? Weiter bei **43**
- Willst du eine Rast einlegen, dabei deine Gedanken ordnen und erst danach einen Entschluß fassen? Weiter bei **72**.

67

Richtig! Du hast es mit einer Kranlnatter zu tun. Willst du ihr mit einem schnellen Griff die kleine Krone vom Kopf nehmen (weiter bei **95**), oder läßt du das Tier lieber in Ruhe (weiter bei **30**)?

68

Langsam beginnst du an deiner Schatzkarte zu zweifeln. Wer weiß, wie viele Vorbesitzer sie schon hatte! Vielleicht sind die hier eingezeichneten Schätze schon längst gehoben worden? Die *Schatzgräberhalle* hat jedenfalls viel versprochen und

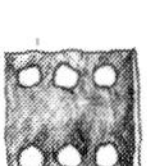

nichts gehalten. Du hast die Nase voll: vor allem mit feuchtem Kalkstaub. Aber deine Neugier ist ungebrochen, und dein Interesse richtet sich jetzt auf den schmalen Gang, der von der Schatzgräberhalle abzweigt. Willst du ihm folgen? Dann mußt du dich zu Abschnitt **121** bemühen!

69

Während du das Seil aus dem Rucksack nimmst, überlegst du, wo du diesen Namen schon einmal gehört hast, den der kleine Schradl eben ausgesprochen hat: Döbler ... Döbler ... Döbler ... Es fällt dir nicht ein. Mittlerweile hat der Schrat ein Ende deines Seils furchtlos um das unruhig zuckende Riesending gewickelt und mehrfach verknotet. Jetzt drückt er dir deinen Eispickel in die Hand und bedeutet dir zuzustechen.

„Was soll ich?“ braust du auf.

„Du mußt ihn ein bißchen piksen!“ erklärt Schradl, „ein ganz klein wenig in den Schwanz stechen. Durch den Schreck, den er dabei kriegt, wird er sich aus dem Schlot losreißen!“

„Und warum willst du das nicht erledigen?“ fragst du mißtrauisch. Der Schlag, mit dem dich der Drachenschwanz ins Land der Träume befördert hat, ist dir noch zu gut in Erinnerung!

„Weil ich gleichzeitig an dem Seil ziehe! Sonst schlüpft der Drache in seinem Schrecken noch weiter in dem Schlot aufwärts. Dann steckt er endgültig in der Klemme! Du kannst mir glauben, es ist besser, du stichst zu und ich ziehe. Wir Waldschrate können beachtliche Kräfte entwickeln, wenn es sein muß!“

Eigentlich schämst du dich, es zuzugeben: Es bereitet dir fast ein wenig Vergnügen, deinen Pickel in den Bonzo-Schwanz zu bohren, der dich – freilich ohne Absicht – k.o. geschlagen hat. Mit einem winzigen Rest von Rachegefühl stichst du zu – ähnlich einem Arzt, wenn er dem Nachbarsjungen, der die Fensterscheibe des Warteraums mit dem Fußball eingeschossen hat, eine Spritze verpaßt. Obwohl der Drache deine Pickelspitze nur wie einen winzigen Nadelstich spüren kann, sind die Folgen deiner „Injektion“ sehr eindrucksvoll. Weiter bei **70**.

70

Sekunden später glaubst du fest, den Weltuntergang ausgelöst zu haben. „Ein Höhlenbeben!“ schreist du dem kleinen Schradl ins Ohr, der mit aller Kraft an dem Seil zieht, um Bonzo in voller Größe in die *Schatzgräberhalle* zu bringen. Das *Geldloch* erzittert in allen seinen Fugen. Du fürchtest, daß dein letztes Stündchen geschlagen hat, ziehst deinen Kopf ein und schließt die Augen. Steine und Felsbrocken prasseln auf euch nieder, Kratzen und Scharren wird plötzlich hörbar. Als der Geschoßhagel der Felstrümmer nachläßt, öffnest du das rechte Auge einen Spalt breit, um nachzusehen, ob du ei-

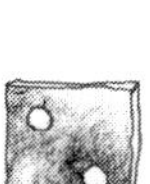

gentlich noch am Leben bist. Du erblickst einen riesigen Drachen, der eben aus dem fünfzehn Meter hohen turmartigen Schlot rutscht. Ihm folgt ein mächtiger Wasserschwall. „Tropfwasser“, erklärt der zufrieden lachende Waldschrat, „es muß sich über Bonzo gesammelt haben, solange er den *Turm* verstopfte! Aber Bonzo!“ sagt Schradl dann mit leisem Vorwurf zu dem gewaltigen Tier. Es ist so groß, daß es die halbe Schatzgräberhalle ausfüllt. Der kleine Waldkobold könnte bequem in einem Nasenloch des Drachen Platz finden.

„Du kommst nicht durch diesen Schlot! Er ist zu eng für dich, wie oft soll ich dir das noch sagen! Bedanke dich bei diesem Menschen! Er hat dich gefunden! Wer weiß, wie viele Jahre du sonst gefangen im Turm verbracht hättest!“

Schnaubend verneigt sich Bonzo vor dir, und du streichelst vorsichtig über seine rosa Nüstern. Sie fühlen sich überraschend weich und zart an.

„Bonzo ist ein direkter Nachkomme jenes Drachen, der im Spitzbrand bei Lilienfeld hauste. Außerdem ist er mit dem Lindwurm aus dem Wurmbachtal entfernt verwandt!“ erklärt Schradl stolz.

„Auch mit den Lindwürmern vom Untersberg und vom Türnitzer Höger?“ fragst du mit höflichem Interesse. Bonzo nickt und bleckt seine riesigen Zähne. Es sieht aus, als ob er lächeln würde.

Du bist durch diese Geschichte ziemlich lang aufgehalten worden und überlegst, ob es nicht besser wäre, die Schatzgräberhalle zu verlassen. Weiter bei **68**.

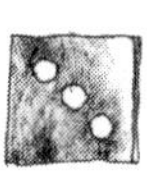

71

Du hast dir tatsächlich eine Sonnenbrille bei dem Kräuterweiblein gekauft und weißt überdies noch, in welche Rucksacktasche du sie gepackt hast? Ausgezeichnet! Du bist ein gewissenhafter Mensch! Welches Modell hast du dir ausgesucht? Modell „Trefflingfall“ mit Seitenklappen (weiter bei **37**)? Oder Modell „Lahnsattel“ mit Nasenabdeckung (weiter bei **125**)?

72

Du packst deine Proviantdose aus. Mit Besorgnis stellst du fest, daß deine Essensvorräte langsam zur Neige gehen. Nachdem du ein Stück Schafkäse verspeist hast, kannst du wieder klarer denken: Der letzte Bär schickte den letzten Wolf mit einem Schlüssel zur Milchhexe. Diese schickte den Wolf weiter zu einem gewissen Roten Heinz. Und dort müßte der Schlüssel eigentlich sein. Du bist ziemlich sicher, daß dieser geheimnisvolle Schlüssel zur Schatztruhe der Witwe Gula gehört. Also auf zum Roten Heinz, wer immer das sein mag! Weiter bei **132**.

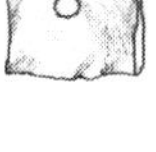

73

Würfeln oder Daumenkino (solange du deinen Daumen noch benützen kannst ...)!

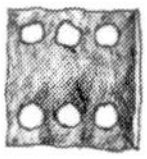 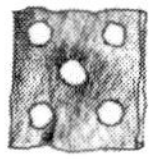 oder 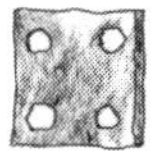

Ein riesiger Felsbrocken saust vor deiner Schatzgräbernase herab und versperrt dir den Weg zurück zu Halle und Ausgang. Es bleibt dir nichts anderes übrig, als dich dem ersten Schlot (**10**) oder dem dritten Schlot (**81**) zuzuwenden.

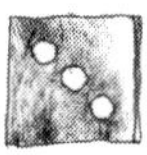 oder 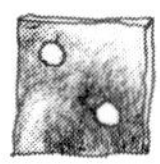

Ein schwerer Stein verletzt dich unglücklicherweise am Fuß. Mit letzter Kraft schleppst du dich zu einer Nische und wartest dort auf das Eintreffen der Bergrettung. Die Schatzsuche ist für dich zunächst einmal zu Ende. Wenn deine Verletzung in zwei bis drei Monaten ausgeheilt sein wird, kannst du nochmals bei **1** beginnen. Gute Besserung!

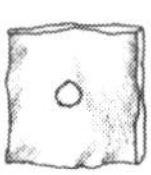

Wie durch ein Wunder bist du dem Geschoßhagel der Steine unverletzt entkommen. Man könnte sagen, du hattest mehr Glück als Verstand! Jetzt bist du wieder in der Halle, in der Nähe des Eingangs.

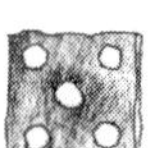

An Seilenden wirst du dich wahrscheinlich nicht mehr leichtsinnig vergreifen! Oder doch? Na, wenn du meinst ... Im ersten Schlot hängt ja noch ein Strick (weiter bei **10**) – und im dritten ebenfalls (weiter bei **81**)! Du kannst dich aber auch im *Geldloch* umsehen (**88**) oder in der *Südkar-Eishöhle* (**139**).

74

Das Biest geht auf dich los! Um die Wucht seines Anpralls zu bremsen, hast du ihm deinen Rucksack entgegengeschleudert, und das Untier schüttelt benommen den Kopf. So leicht läßt du dich nicht ins Bockshorn jagen! Die erste Runde geht also überraschend an dich. Deine Gegenwehr verstärkt aber auch die Wut des glutäugigen Angreifers. Die Dampfwolken aus seinem Maul werden immer dichter und breiten sich in der Halle aus wie weißer Nebel.

Wieder galoppiert die Riesenziege auf dich zu. Sie versucht dich gegen die Felswand zu drängen! Du hast deinen Rucksack inzwischen zum Bauchsack umfunktioniert und benützt ihn als Schutzschild gegen die gefährlichen Hörner. Als du dem heftigen Stoß der Bestie seitlich ausweichen willst, stolperst du über einen Stein und kommst zu Fall. Sofort ist die Monsterziege über dir und will dich aufgabeln. Du kannst dich gerade noch wegwälzen und ihr ein Bein stellen. Das Biest geht geifernd neben dir zu Boden. Du rappelst dich auf und wirfst

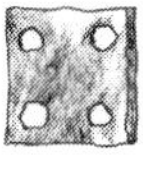

mit dem Mut der Verzweiflung den Pickel wie einen Anker nach dem Gehörn des tobenden Tieres. Aber auch die Höhlenziege ist schon wieder auf den Beinen und schüttelt deine einzige Waffe ab wie eine lästige Mücke. Wutschnaubend scharrt sie mit den Hufen, bevor sie ein weiteres Mal auf dich losstürmt. Langsam erlahmen deine Kräfte. Wie lange wirst du dich noch wehren können? Du solltest fliehen, ehe es zu spät ist (weiter bei **111**)! Du willst nicht aufgeben (weiter bei **18**)?

75

Du verläßt die *Trümmerhalde* und betrittst den sogenannten *Reitgrat.* Aber schon nach wenigen Metern bleibst du erstaunt stehen und horchst angestrengt in die Dunkelheit. Nein, du hast dich nicht getäuscht! Aus der Richtung, in die du gehen willst, kommen die seltsamsten Lockrufe, die du je gehört hast: Gluck, gluck, gluck! Bisi, bisi, bisi! Auf Zehenspitzen schleichst du weiter, bis du eine alte Frau auf einem Stein sitzen siehst, welche die merkwürdigen Laute mit schriller Stimme ausstößt. Sie wendet dir den Rücken zu. Neben ihr steht eine große Schüssel mit einem Milchrest.

Nun vernimmst du aber auch hinter dir sonderbare Geräusche: Plitsch! Platsch! Plitsch! Plitsch! Du drehst dich um und starrst in ein gutes Dutzend von Augenpaaren, die zu riesigen Kröten gehören! Die warzenbedeckten Tiere hüpfen eins hinter dem

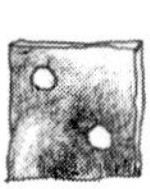

75 *Nun vernimmst du aber auch hinter dir sonderbare Geräusche. Du drehst dich um und starrst in ein gutes Dutzend von Augenpaaren, die zu riesigen Kröten gehören!*

anderen hinter dir her! Mit der Krötenherde im Rücken und der Milchhexe vor dir – denn um eine solche handelt es sich wahrscheinlich – ist dir nicht gerade wohl in deiner Haut. Am besten, du trittst in eine Felsnische und läßt die Lurche vorbei. Weiter bei **76**.

76

Du hast dich nicht getäuscht. Die Kröten haben es gar nicht auf deine Person abgesehen, sondern folgen dem Lockruf der merkwürdigen Alten, die vor dir mitten auf dem *Reitgrat* sitzt. Die ersten der warzenbedeckten Vierbeiner haben inzwischen die Schüssel erreicht, hüpfen über den Rand und platschen in die Milch. Jetzt bist du ganz sicher, eine sogenannte Milch- oder Butterhexe vor dir zu haben! Mit dieser Sorte Frauen ist nicht zu spaßen!

Der Gang verengt sich hier ziemlich, und es ist so gut wie aussichtslos, unbemerkt an der Hexe vorbeizuschleichen. Andererseits könnte die Hexe den Schlüssel besitzen, von dem der Bär erzählt hat, und dir vielleicht bei deiner Suche weiterhelfen. Willst du

- umkehren? Weiter bei **43**
- warten, bis die Hexe geht? Weiter bei **140**
- dich auf die Alte stürzen, sie überwältigen und ihr den Schlüssel rauben? Weiter bei **27**
- die Milchhexe einfach anreden und sie nach dem Schatz fragen? Weiter bei **65**

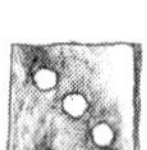

77

Zögernd stapfst du weiter. Auf deine alte Schatzkarte ist anscheinend doch kein Verlaß. Der rechte Höhlenast, den du jetzt betrittst, ist überhaupt nicht eingezeichnet! Nach wenigen Metern hältst du auf einmal überrascht an. Rauchschwaden und der köstliche Geruch von geschmortem Fleisch wehen dir entgegen! Der Bratenduft erinnert dich schmerzlich daran, daß du schon lange keine warme Mahlzeit zu dir genommen hast. Du kannst ihm kaum widerstehen! Er wird immer stärker, je tiefer du in diesen Höhlenteil eindringst! Der Hunger läßt dich alle Vorsicht vergessen. Plötzlich rutscht du auf einer riesigen feuchten Steinplatte aus und kommst ins Gleiten! Nicht zu Unrecht nennt man diese glitschige Felsfläche *Böse Platte!* Verzweifelt suchst du Halt, aber du schlitterst immer weiter, bis du in einem Haufen säuberlich abgenagter Knochen landest. Schaudernd siehst du dich um. Weiter bei **78**.

78

Der Gang endet hier in einem hohen Schlot. Unter diesem Schlot brennt ein kräftiges Feuer. Zwischen die Felswände ist ein Eisenrost geklemmt, und auf dem Rost brutzeln riesige Fleischstücke, die ganz verführerisch duften! Du sitzt noch auf dem Knochenhaufen und überlegst, ob man sich hier selbst

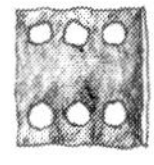

bedienen darf, als ein riesiger Bursche mit langem zottigem Haupthaar und dichtem Bart um den Felsen kommt und sich eines der Fleischstücke in das Maul stopft. Gebannt siehst du zu, wie dem furchterregenden Riesen der Bratensaft aus den Mundwinkeln in den Bart rinnt. Dein Hunger wird übermächtig! Du machst eine unvorsichtige Bewegung auf den Höhlengrill zu. Schon hat dich der Riese erspäht! Zum Glück ist er nicht sehr schnell von Begriff. Er betrachtet dich lange und nachdenklich. Dann kommt er auf dich zu und streckt seine Hand nach dir aus. Weiter bei **79**.

79

Seinem ersten Zugriff kannst du – trotz schwerem Rucksack – geschickt entwischen. Aber der Riese scheint Spaß an dem ungleichen Fangenspiel zu finden. Eine gnadenlose Verfolgungsjagd beginnt! Leider bist du nicht der Verfolger, sondern der Verfolgte!

Zweimal gelingt es dir, in letzter Sekunde dem Riesen durch die Finger zu schlüpfen. In deiner Not kommt dir plötzlich ein – vielleicht – rettender Gedanke: die Farnsamen! Die Farnsamen aus dem Schwarzenbachtal, die du von dem alten Kräuterweiblein ganz am Beginn deines Abenteuers gekauft hast! Schnell greifst du in die Tasche. Sie sind noch da! Du reißt dir die Schuhe von den Füßen. Schon tappt der Riese wieder auf dich zu. Mit zit-

ternden Fingern streust du die Körnchen in die Schuhe, schlüpfst hinein – zum Zubinden der Schnürriemen kommst du gar nicht mehr –, und der monströse Bursche greift ins Leere! Der Farnsamen wirkt! Verwundert hält der Riese nach dir Ausschau. Aber du bist für ihn nicht mehr zu sehen!
Weiter bei **80**.

80

Jetzt nützt du die neue Lage weidlich aus! Zunächst einmal angelst du ein Stück Fleisch vom Rost und verzehrst es mit einem Appetit, der dem des Riesen kaum nachsteht. Dann machst du dir eine Zeitlang einen Spaß daraus, kleine Steine auf den Riesen zu werfen, um ihn zu necken. Den großen Tölpel bringt das fast zur Raserei. Aber du willst ihn noch mehr verwirren und beschließt, dich für ein paar Sekunden wieder sichtbar zu machen. Du ziehst die Schuhe aus, leerst die Samen sorgfältig in deine hohle Hand, legst die Schuhe wieder an – aber du bleibst unsichtbar! Der Riese jedenfalls nimmt keine Notiz mehr von dir! Was hat das zu bedeuten?

Dir bricht der Angstschweiß aus. Solltest du … Nein, du darfst den entsetzlichen Gedanken gar nicht zu Ende denken! Vielleicht hast du einige Körnchen in deinen Schuhen übersehen! Rasch streifst du deine Schuhe noch einmal ab, siehst genau nach, betastest die Fußsohlen. Nichts zu spüren! Rat- und hilflos stolperst du den Weg zurück,

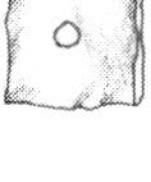

den du gekommen bist. Eine Schmalzhexe schwebt auf ihrem Besen an dir vorbei. Ein kleiner Berggeist, es könnte ein Gupfhütl sein, überholt dich, ohne dich zu beachten. Du sprichst eine Gruppe von Kobolden an. Keine Antwort! Sie sehen durch dich hindurch, als ob du aus Glas wärst. Langsam wird es zur traurigen Gewißheit: Du wirst für immer unsichtbar bleiben! Es gibt genug Leute, die sich dein Schicksal wünschen, aber gerade dir ist es mehr als unangenehm, in Zukunft für die andern einfach Luft zu sein. Nicht einmal der Schatz der Witwe Gula könnte dich jetzt trösten. Was sollst du mit Gold und Edelsteinen, wenn der Besitzer der Reichtümer für niemanden erkennbar ist?

Ein winziger Hoffnungsschimmer bleibt dir noch: Vielleicht triffst du irgendwo in diesem weitverzweigten unterirdischen Irrgarten die Bergfee von der Reisalpe. Sie ist die einzige, die dich wieder sichtbar machen kann. Weiter bei **151**.

81

Du faßt das Seil aus dem dritten Kamin mit beiden Händen. Zunächst ereignet sich gar nichts. Auf einmal aber spürst du, daß der Strick wie von einem unsichtbaren und geräuschlosen Motor kräftig nach oben gezogen wird. Während du noch überlegst, ob du abspringen oder dich in den Schlot hinaufheben lassen sollst, bewegt sich das Tau, an dessen Ende du hängst, immer schneller. Dir vergeht Hören und Sehen! Weiter bei **82**.

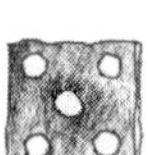

82

Mit rasender Eile geht es aufwärts. Du schließt in panischer Angst die Augen und klammerst dich mit aller Kraft an das Seil, um nicht in die Tiefe zu stürzen. So ähnlich muß sich wohl der Erbauer des Stiftes Lilienfeld gefühlt haben, als ihn der Teufel holte und über den Spitzbrand zerrte! Weil dein Seil-Aufzug die Fahrt verlangsamt und kurz stehenbleibt, knüpfst du mit zitternden Händen rasch einige Knoten in das Tau, um Armen und Beinen besseren Halt geben zu können. Schließlich gelingt es dir sogar, eine Schlinge zu knoten, die du als Notsitz benützt. Die höllische Fahrt aber geht weiter: meistens aufwärts, fast senkrecht durch enge Schächte, einmal schräg, ein kurzes Stück waagrecht, jedoch immer mit atemberaubender Geschwindigkeit. Weiter bei **83**.

83

Dann hast du die schlimmsten vierhundert Höhenmeter deines Lebens zurückgelegt. Du hockst im Freien, atemlos, mit zerfetztem Overall, durchnäßt und mit Kalkstaub bepudert – aber du lebst! Offenbar warst du den Berggeistern nicht gerade willkommen … Ein deutscher Urlauber versucht dir zu erklären, daß du dich neben dem *Wetterloch* befindest, unweit des Ötschergipfels. Weiter bei **84**.

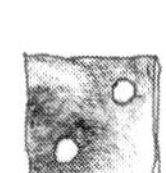

84

Zu einem Schatz bist du nicht gekommen, aber zu einer wichtigen Erkenntnis, die vor allem Wissenschafter interessieren dürfte: Es gibt eine Verbindung zwischen *Tauben-, Geld-* und *Wetterloch!* Sie ist, wie es aussieht, allerdings nur den Bewohnern der Ötscherhöhlen bekannt, und die haben dir recht deutlich vor Augen geführt, daß sie auf deinen Besuch keinen Wert legen. Weiter bei **85**.

85

Wenn du willst, kannst du zum *Ötscher-Schutzhaus* wandern, dort übernachten, am folgenden Tag über den *Rauhen Kamm* zu den Eingängen der Ötscherhöhlen absteigen und dein Glück erneut versuchen. Du startest dann bei Abschnitt **5**.

86

Du glaubst, dein letztes Stündlein hat geschlagen! Mit ungeheurer Wucht stürzen die Wassermassen den *Großen Schacht* hinab. Irgendwie gelingt es dir, die Sohle der ersten Schachtstufe zu erreichen. Mehr tot als lebendig, schiebst du dich in eine Kluft, die durch verklemmte Felsblöcke gebildet wird. Hier bist du zunächst in Sicherheit. Der tosende, achtzig Meter hohe Wasserfall nimmt einen anderen Weg. Weiter bei **87**.

87

Du hast keinen trockenen Faden mehr am Leib. Halb ohnmächtig liegst du in der schützenden Kluft und gibst wie ein Springbrunnen immer wieder Wasserfontänen von dir. „Wo bin ich?“ rufst du benommen, als du endlich sprechen kannst. Eigentlich hast du dir die Frage mehr selbst gestellt.

„Im Inneren des Ötschers!“ kommt eine Antwort von weit, weit unten. Der Schacht scheint sich noch in unendliche Tiefen fortzusetzen.

„Und wo finde ich den Schatz der Gula?“ brüllst du und schreist dir dabei deinen Ärger, deine Wut und deine Enttäuschung von der Seele. Ein belustigtes Lachen ist zunächst die ganze Antwort. Es bricht sich an den Felswänden und verstärkt sich zu einem vielstimmigen Chorgelächter.

„Hast du schon den Schlüssel gefunden, -funden, -funden?“ echot die Stimme aus dem Abgrund. „Den Schlüssel zur Schatztruhe, -truhe, -truhe?“

Nein, von einem Schlüssel weißt du nichts!

„Zuerst brauchst du den Schlüssel!“ hallt es aus der Tiefe empor. „Geh zurück in den *Eisdom* und folge dem linken Höhlenast, -ast, -ast!“ Seufzend kletterst du wieder hoch. Mehrmals mußt du auf der Drahtseilleiter rasten, weil dich deine Kräfte zu verlassen drohen. Deine Zähne klappern vor Kälte, die Kleider dampfen vor Nässe, und du fragst dich allen Ernstes, warum du diese endlosen Mühen auf dich nimmst. Schließlich bist du oben beim Einstieg in den Schacht angekommen. Da wartet eine neue böse Überraschung auf dich! Weiter bei **136**.

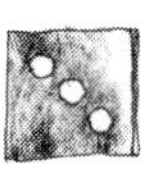

88

Du blickst in das Dunkel der Höhle. In diesem Augenblick bist du noch fest entschlossen, das Geheimnis um den Schatz der Witwe Gula zu lüften und damit dein Glück zu machen. Komme, was da will!

Du ziehst den Overall über deine Shorts, setzt den Helm auf und überprüfst noch einmal deine Ausrüstung: Hast du den Pickel dabei? Steigeisen? Handschuhe? Kletterseil? Schwimmweste? Spaten? Proviant? Und Schatzkarte? Alles da. Es kann losgehen. Wie wird dich Altvater Ötscher im *Geldloch* aufnehmen?

Die Luft ist feucht und kühl. Wasser tropft an manchen Stellen von den Wänden. Nach wenigen Metern ist es bereits völlig dunkel um dich. Du knipst die Karbidlampe auf deinem Schutzhelm an und stellst fest, daß der Gang leicht abwärts führt. Noch kommst du rasch voran. Schließlich trifft der Lichtkegel deiner Lampe auf das erste Hindernis im Geldloch: Du bist beim *Eissee* angelangt! Weiter bei **89**.

89

Lange Zeit galt der *Eissee* bei den Höhlenforschern als unüberwindbar. Dir – mit deiner Ausrüstung – dürfte ein kleiner unterirdischer See allerdings keine Probleme bereiten, selbst wenn er zurzeit nicht zugefroren ist. Du legst deine Schwimmweste

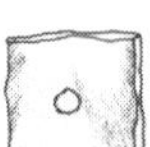

89 *Plötzlich taucht zu deinem Erstaunen in der Mitte des Sees ein grünbemooster Kopf aus dem Wasser. Sein schuppiger Scheitel ist mit Beulen übersät. Ohne Zweifel handelt es sich um einen Wassergeist oder Wassermann!*

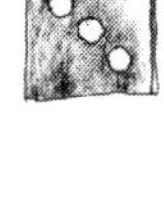

an, nimmst ein kleines faltbares Schlauchboot aus dem Rucksack und pumpst es auf.

Plötzlich taucht zu deinem Erstaunen in der Mitte des Sees ein grünbemooster Kopf aus dem Wasser. Sein schuppiger Scheitel ist mit Beulen übersät. Ohne Zweifel handelt es sich um einen Wassergeist oder Wassermann! Respektlos spuckt er ein Maulvoll Eiswasser in deine Richtung und fragt mit gurgelnder Stimme, ob du ans andere Ufer übersetzen willst. Du erklärst, daß du das vorhast, aber keine fremde Hilfe benötigst. Der Wassermann runzelt unwillig die nasse Stirn. „Fremde Boote dürfen hier nicht verkehren!“ schreit er. Seine Fischaugen funkeln, und sein Algenbart bebt vor Zorn. „Ich dulde es nicht, daß mich jemand um den Fährlohn betrügt! Das ist meine einzige Einnahmequelle, seit ich aus der verschmutzten Erlauf in diesen Ötschersee übersiedelt bin!“ Weiter bei **90**.

90

Du überlegst kurz, aber angestrengt. Sollst du

- den Dienst des Wassermannes annehmen und den verlangten Preis bezahlen? Weiter bei **17**
- Dich gar nicht um den nassen Burschen kümmern und versuchen, mit deinem Boot das andere Ufer zu erreichen? Weiter bei **120**
- Den Wassermann mit einem gezielten Steinwurf vertreiben? Weiter bei **39**

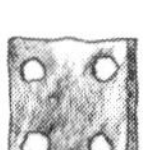

91

Richtig! Es ist jedenfalls etwas anderes! Weiter bei **47**.

92

Dein ganzes Gepäck liegt verstreut in der *Großen Schutthalde!* Zwei Bergmanderln jonglieren mit deinen Äpfeln, ein Kobold zerlegt den Fotoapparat, und ein Gnom spielt mit deinem leeren Rucksack Sackhüpfen!
Würfeln (oder Daumenkino)!

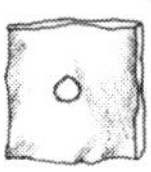 oder 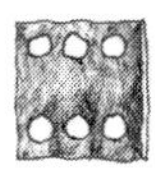

Du kannst das Allernötigste noch finden und in deinem Rucksack verstauen. Freilich mußt du zuerst den Gnom verjagen. Immerhin bist du in der Lage, dein Abenteuer bei **35** fortzusetzen.

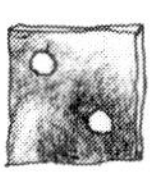 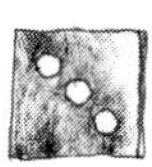 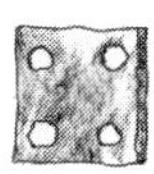 oder 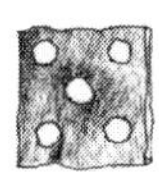

Leider kommst du zu spät! Die Kobolde stieben alle mit deinen wertvollen Sachen auseinander, als du so unvermutet auftauchst, und verschwinden in schmalen Rissen und Klüften, bevor du auch nur einen von ihnen zu fassen kriegst! Von einem weiteren Vorstoß in die Höhle ohne entsprechende Ausrüstung muß dir dringend abgeraten werden! Zu dumm!

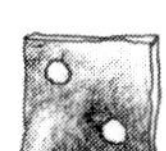

93

Das kleine Ding ist noch gut zwanzig Meter von dir entfernt, da hat es dich schon entdeckt! Wie ist das möglich? Der Wicht muß über einen besonders durchdringenden Blick verfügen! Oder hat er dich gewittert?

„Komm hervor!“ ruft er herrisch. „Ich kann Wegelagerer nicht ausstehen!“

Es ist sinnlos, noch länger Verstecken zu spielen. Etwas verlegen tauchst du hinter deinem Felsen auf und klopfst dir den Kalkstaub vom schmutzigen Overall. Du machst wirklich keinen besonders vertrauenserweckenden Eindruck! Während du einen Gruß murmelst, überlegst du fieberhaft, mit wem du es zu tun haben könntest. Weiter bei **115**.

94

In dem engen Gang hast du einige Mühe, mit deinem dicken Rucksack nicht steckenzubleiben. Noch einmal ändert die Kluft ihre Richtung um neunzig Grad, dann hast du den *Großen Schacht* erreicht. Du mußt gegen ein leichtes Schwindelgefühl ankämpfen, wenn du hinunterblickst. Weiter bei **36**.

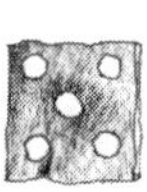

95

So schnell wie es der schwere Rucksack auf deinen Schultern ermöglicht, reißt du das glitzernde Kleinod an dich. Aber ebenso flink fährt die kleine Natter auf dich los und beißt dich in das rechte Bein. Weiter bei **45**.

96

Rasch turnst du die Leitersprossen abwärts, umbraust von einem tosenden Wasserfall, der dich mehrmals mitzureißen droht. Irgendwie erreichst du mit letzter Kraft die Sohle des ersten Schachtteils. Erschöpft sinkst du zu Boden. Der Rote Heinz ist zur Stelle. Er zieht dich am Kragen in eine Kluft, wo du nach Luft ringend liegen bleibst. Aus Mund, Nase, Augen und Ohren rinnt dir das Wasser. Der Heinzelmann nimmt aus seiner ausgebeulten Wamstasche eine kleine Tonflasche und hält sie dir an die Lippen. Gierig machst du ein paar Züge. Das Zeug schmeckt zwar abscheulich, aber schon nach wenigen Augenblicken spürst du deine Kräfte zurückkehren. Zum Dank dafür gibst du dem Zwerg ein Stück Bitterschokolade, das du in deiner fast leeren Proviantdose gefunden hast. Genüßlich läßt er es auf seiner Zunge zergehen. Anscheinend ist es die erste Schokolade im Leben des Kleinen. Dann macht der Heinzelmann Feuer. Du wärmst dich und trocknest deine Sachen. Weiter bei **57**.

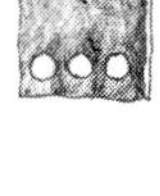

97

Nach einer kurzen Verschnaufpause setzt du deinen mühsamen Weg fort, der dich vom *Eisdom* in den rechten Höhlenast und von dort in die *Schatzgräberhalle* führt. Im Laufe der Jahrtausende sind hier merkwürdige Lehmgebilde entstanden. Die Schatzgräberhalle ist auch auf deiner Karte einwandfrei zu erkennen. Drei eingekreiste Kreuze deuten darauf hin, daß der Zeichner der Karte hier etwas gefunden oder vergraben hat oder wenigstens vermutet, daß sich in dieser Halle die Suche lohnen könnte. Mit einem Mal ist deine Müdigkeit verflogen. Eine seltsame Unruhe kommt über dich und wird immer stärker. Mit Pickel und Spaten beginnst du in dem losen Schutt zu wühlen. Wie besessen gräbst du bald hier, bald dort, häufst Stein auf Stein und rollst kleine Felsblöcke von einer Wand zur anderen. Vergeblich! Nachdem du etwa eine Stunde erfolglos geschuftet hast, übermannt dich ein Gefühl der Verzweiflung. Nicht eine Goldmünze hast du bis jetzt gefunden! Das einzige, was du dir geholt hast, sind Kreuzschmerzen! Lustlos stocherst du mit deinem Spaten in einem Schotterhäufchen. Plötzlich stockt dir das Blut in den Adern! Weiter bei **98**.

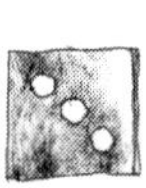

98 *Du hast eine kleine Hand freigelegt, besser gesagt, einen dicht behaarten Unterarm, der sich dir entgegenstreckt, als könnte er Hilfe erwarten.*

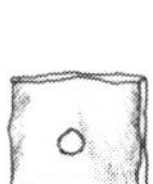

98

Du hast eine kleine Hand freigelegt, besser gesagt, einen dicht behaarten Unterarm, der sich dir entgegenstreckt, als könnte er noch Hilfe erwarten. Was tun?

- Hals über Kopf flüchten? Weiter bei **14**
- Die Hand Hand sein lassen und so tun, als sei nichts gewesen? Weiter bei **51**
- Die Angst überwinden und der Sache auf den Grund gehen? Weiter bei **25**

99

Erschöpft hockst du dich auf den Boden, nachdem dir die Durchsteigung der Felswand geglückt ist. Wenn du willst, kannst du eine Pause einlegen und von deinem Proviant essen. Deine Vorräte gehen allerdings schon zur Neige! Weiter bei **44**.

100

Du brauchst nicht allzu lange, bis du das Ende dieses Höhlenastes gefunden hast. Wenn deine alte Karte stimmt, hast du beinahe den Nordhang des Ötschers erreicht, also das ganze Massiv unterirdisch von Süden nach Norden durchwandert. Bisher allerdings ohne Erfolg. Denn auch hier entdeckst du eigentlich nichts Bemerkenswertes. Du willst schon umkehren, als dich leises Knurren zusammenfahren läßt. Weiter bei **21**.

101

Ohne Zwischenfälle gelangst du mit deinem Gefährten über die *Große Schutthalde* in den *Eisdom*. Der kleine Heinzelmann schreitet so rasch aus, daß du kaum mit ihm Schritt halten kannst. Eine merkwürdige Unruhe hat den Wicht befallen. Immer wieder treibt er dich zur Eile an und läßt dir nicht einmal Zeit, dem wundersamen Funkeln der Eisstatuen im Dom ein paar Minuten zuzusehen. Der Zwerg gönnt dir keine Rast, und du bist schon verdrießlich, dieses Tempo, das dir der Rote Heinz vorlegt, mithalten zu müssen. Jetzt wäre es nicht mehr weit bis zum Ausgang, und du würdest viel dafür geben, ein bißchen frische Luft schnappen zu können. Aber der Heinzelmann wendet sich nicht dem *Eiswall* zu, sondern führt dich in den Höhlenast, der vom Eisdom nach rechts abzweigt. Bald erreicht ihr die *Schatzgräberhalle*. Auf einmal ist der Rote Heinz verschwunden! Es braucht eine Weile, bis du begreifst, daß er in eine enge Kluft geklettert ist, deren Eingang du völlig übersehen hast. Neugierig folgst du ihm. Nach wenigen Metern ändert der schmale Gang seine Richtung und wendet sich dann ein zweites Mal um neunzig Grad. Für kurze Zeit verlierst du die Laterne deines Gefährten aus den Augen. Weiter bei **102**.

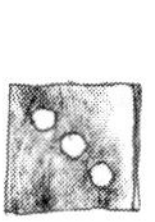

102

Ungeduldig wartet der Heinzelmann beim Einstieg des *Großen Schachtes* auf dich. Eine zarte Gänsehaut läuft dir über den Rücken, wenn du daran denkst, daß allein der erste Absatz achtzig Meter senkrecht in die Tiefe führt. Dein Begleiter macht ein besorgtes Gesicht und legt immer wieder die Hand an sein Ohr. Auch dir kommt es vor, als ob du fernes Donnergrollen hören könntest. „Am Rauhen Kamm geht ein Gewitter nieder!“ brummt der Zwerg beunruhigt. „Wir müssen uns noch mehr beeilen!“ Vor deinen Augen klettert er auf einem schwankenden Drahtseil in die pechschwarze Tiefe. Na, wenn schon, denkst du. So wenig anheimelnd das *Geldloch* auch ist, vor Gewittern sollte man hier i m Ötscher ja wohl keine Angst haben müssen! Du sollst dich gründlich täuschen, wie du bald merken wirst! Weiter bei **103**.

103

Du bist auf der Leiter schon etwa vierzig Meter in die Tiefe geklettert und hast die Mitte des ersten Schachtteils erreicht. Als du nach oben zum Einstieg blickst, spritzt dir eine Wassergischt ins Gesicht. Du wirst stutzig. Was hat das zu bedeuten? Der Heinzelmann hat schon die Sohle des ersten Schachtstückes erreicht. Von weit unten hörst du seine angstvolle Stimme: „Schnell! Mach schnell!

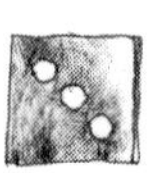

Du mußt raus aus dem Schacht!“ Was meint der Gute? Fürchtet er sich vor dem Gewitter draußen auf dem Rauhen Kamm? Ein neuer Wasserschwall ergießt sich in den *Großen Schacht* und durchnäßt dich von oben bis unten. Jetzt erst erkennst du die Gefahr: Sickerwasser! Für Sekunden glaubst du, das alles irgendwann einmal schon erlebt zu haben ... Aber für Erinnerungen ist jetzt wirklich keine Zeit. Jeden Augenblick kann dich der brausende Wasserfall von der Leiter spülen! Was sollst du tun! Hinauf zum Einstieg klettern (weiter bei **29**) oder möglichst schnell abwärts steigen, um den Zwerg einzuholen (weiter bei **57**)?

104

Hast du zu Beginn deines Abenteuers bei der Alten am Südhang des Ötschers Sonnenbrillen gekauft? (Nicht mogeln!) Wenn ja, weiter bei **71**. Wenn nein, weiter bei **50**.

105

Der Waldschrat ist wieder verschwunden. Als du dich umblickst, fällt dir auf, daß die *Schatzgräberhalde* ja viel ausgedehnter ist, als du angenommen hast. Du bist erst bis zur Mitte vorgestoßen und hast dort zu graben begonnen. Den hinteren Hallenteil hast du überhaupt noch nicht in Augenschein ge-

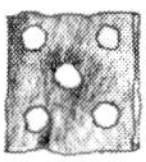

nommen! Das wirst du rasch nachholen. Du stärkst dich mit einer kleinen Mahlzeit, schulterst deinen Rucksack und dringst weiter in das Bergesinnere vor. Aber je näher du dem Hallenende kommst, desto vorsichtiger werden deine Schritte. Es sieht ganz so aus, als ob dort hinten etwas in Bewegung wäre! Weiter bei **106**.

106

Bevor du noch Genaues erkennen kannst, trifft dich ein fürchterlicher Schlag auf den Kopf. Plonk! Du gehst zu Boden und verlierst die Besinnung. Weiter bei **107**.

107

Als du wieder zu dir kommst, pocht es in deinem Schädel, als wäre ein Hammerwerk darin eingebaut. Du kannst nicht sagen, wie lange du ohne Bewußtsein hier am Ende der *Schatzgräberhalle* gelegen bist. Dein Zeitgefühl ist dir völlig abhandengekommen. Du weißt nur, daß dich dein Schutzhelm vor dem Ärgsten bewahrt hat. Plötzlich nimmst du wieder eine Bewegung wahr! Unwillkürlich tust du das Richtige und wälzt dich ein paar Meter weg von deinem Liegeplatz. Keinen Augenblick zu früh! Wie eine Riesenpeitsche knallt etwas unerhört Gewaltiges zu Boden, ringelt sich ein und schnellt wie-

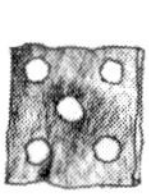

109 *Plötzlich stockt dein Fuß. Hinter dir ist ein ganz und gar unheimliches Zischen zu vernehmen! Eine kleine helle Schlange kriecht um eine Ecke des Ganges. Auf ihrem Kopf trägt sie eine winzige Krone.*

der hoch. Das war es wohl, was dich in den Tiefschlaf versetzt hat: ein mächtiges wurmartiges Gebilde mit spitz zulaufendem Ende, das sich ständig bewegt, als wollte es Schläge gegen unsichtbare Gegner austeilen! Weiter bei **108**.

108

Rätselhaft! Womit hast du es hier zu tun?

- Mit einer Art Riesenhöhlenwurm? Schau nach bei **15**.
- Mit der Fingerspitze von Vater Ötscher, die in der (Nasen-) Höhle bohrt (**42**)?
- Mit der Dachsteinkalk-Riesenschlange (**52**)?
- Mit etwas anderem (**91**)?

109

Kaum hast du dieses atemberaubende Abenteuer glücklich bestanden, kündigt sich schon das nächste an! Du zwängst dich durch die enge Kluft, die dich in die Schatzgräberhalle führen soll. Plötzlich stockt dein Fuß. Regungslos bleibst du stehen. Hinter dir ist ein ganz und gar unheimliches Zischen zu vernehmen! Eine kleine helle Schlange kriecht um eine Ecke des engen Ganges. Auf ihrem Kopf trägt sie eine winzige Krone, vermutlich aus Gold. Wie sollst du dich verhalten? Angestrengt denkst du nach, welchem Reptil du da begegnet bist. Weiter bei **110**.

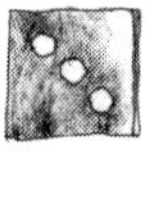

110

Ist es eine Zwergviper (weiter bei **56**)?
Eine Kranlnatter (weiter bei **67**)?
Oder eine Höhlenotter (weiter bei **143**)?

111

Du verlierst keine Sekunde mehr, rennst los, so schnell wie es der schwere Rucksack nur erlaubt. Du hastest durch den lockeren Schutt, stolperst über kopfgroße Steine, stößt keuchend gegen Felsblöcke. Und immer hinter dir her die entsetzliche Riesenziege! Von einer Halle flüchtest du prustend in die nächste. Was würdest du jetzt geben für eine Felsnische, für eine enge Kluft, für einen schmalen Seitengang! Aber weit und breit kein Versteck in Sicht. Nur an der Decke siehst du Kamine, die in unbekannte Höhen führen. Eine Fledermaus müßte man sein! Pfeifend geht dein Atem, die Luft wird dir knapp. Der gespenstische Ziegenbock mit den glühenden Augen kommt immer näher. Schon spürst du seinen heißen Atem im Genick!

Plötzlich wird der Gang wieder schmäler und verengt sich zu einem winzigen Durchschlupf. Das könnte deine Rettung sein! Du reißt dir den Rucksack vom Rücken und wirfst dich mit einem gewagten Hechtsprung durch das zweite *Windloch*. Keinen Augenblick zu früh! Die Riesenziege hat eben zum Stoß ausgeholt. Aber die spitzen Hörner tref-

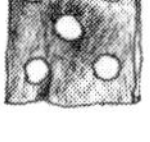

fen nur deinen Rucksack. Der Stoß, der deinem Hinterteil gegolten hätte, befördert auch dein Gepäck durch die Engstelle. Du bist zunächst einmal in Sicherheit!

Verdutzt starrt das Untier mit seinen glühenden Augen durch das Windloch, durch das es dir nicht mehr folgen kann. Weiter bei **112**.

112

Noch immer späht die Riesenziege durch das enge *Windloch*. Die Sicherheit, die dir dein Rastplatz bietet, hat dich etwas mutiger gemacht. Du faßt dir ein Herz und fragst: „Wer bist du?"

„Weißt du das nicht?" pfaucht das Tier zornig. „Liest du denn keine Sagenbücher? Ich bin die Wilde Geiß aus dem Horner Wald!" O ja, die Wilde Geiß spricht Deutsch mit einem leichten Waldviertler Akzent.

„Warum bist du so wild und böse?"

„Ich bin auf alle Menschen böse! Meinen schönen Horner Wald haben sie schonungslos gelichtet! Sie bauen Autobahnen und Straßen und Güterwege durch *unsere* Wälder! Sie stauen *unsere* Flüsse auf! Die Menschen benehmen sich, als würde das Land ihnen ganz allein gehören! Was ist mir schon anderes übriggeblieben, als mich in das Geldloch zurückzuziehen! Ich wäre ja längst von einem Sonntagsjäger erschossen oder von einem Auto-

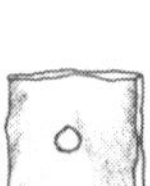

fahrer niedergemetzelt worden! Da soll ich nicht böse auf die Menschen sein?“

Du erklärst der Geiß, daß du keine Tiere jagen und auch keine Autobahn durch die Ötscherhöhlen bauen willst. „Sag einmal“, fragst du sie dann und bietest deine ganze Liebenswürdigkeit auf, „bist du mit den Gemsen verwandt?“

„O ja“, antwortet die riesige Ziege etwas freundlicher. Dein Interesse schmeichelt ihr. „Mit den Gemsen, den Antilopen, den Gazellen, den Habergeißen und sogar mit den Einhörnern! Aber was suchst du hier, wenn du keine Straßen bauen willst?“

„Ich bin auf der Suche nach dem Gula-Schatz“, seufzt du.

„Ach so“, antwortet die Geiß. „Das muß einem ja gesagt werden! Viel Erfolg!“ Dann verschwindet der Kopf mit den furchterregenden Hörnern aus dem zweiten Windloch.

Du bist noch immer ziemlich außer Atem und möchtest eigentlich eine längere Verschnaufpause einlegen. Allerdings hast du deinen Rastplatz nicht sehr geschickt ausgewählt. Du scheinst hier an einer besonders kühlen Stelle zu sitzen! An deinen Wimpern bilden sich bereits Eiskristalle. Du fröstelst. Es ist wohl besser, zu Abschnitt **113** weiterzugehen.

113

Langsam wird es wieder etwas wärmer. Dieser Teil der Höhle ist eisfrei. Wenn du deine Karte richtig gelesen hast, dann befindest du dich jetzt in der *Kleinen Schutthalde*. Weiter bei **114**.

114

Es kommt dir vor, als ob dein Weg ins Innere des Ötschers immer beschwerlicher würde. Oft mußt du um große Felsblöcke herumturnen, dann wieder über gewaltige Schuttmassen hinwegklettern. Einmal geht es bergauf, dann wieder bergab, auf ansteigende Gangstücke folgen abfallende. Du läßt die *Kleine Schutthalde* hinter dir und gelangst zur *Trümmerhalde,* die ihrem Namen alle Ehre macht: Überall liegen ineinander verkeilte Felsblöcke. Hier muß die Höhlendecke irgendwann einmal eingestürzt sein. Weiter bei **53**.

115

Der Wicht – er ist etwa halb so groß wie du – kommt furchtlos näher. Für einen Spirifankerl oder einen Alraun ist er zu groß, für einen Gnom zu klein. Es könnte ein Billing sein, und das wäre erfreulich. Billinge haben einen guten Ruf. Es könnte aber auch

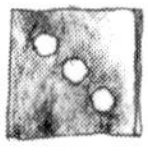

ein Bergmanderl sein, und bei diesen Leuten weiß man nie genau, woran man ist. Auf jeden Fall ist Vorsicht angebracht! Weiter bei **116**.

116

Jetzt leuchtet dir der kleine Bursche mit seiner Laterne sogar ganz unverfroren ins Gesicht. Bei dieser Gelegenheit siehst du seinen dichten rötlichen Vollbart, und dir geht ein Licht auf.

„Aha, ein Glücksritter!“ murmelt der Zwerg geringschätzig.

„Und du bist der Rote Heinz!“ sagst du in einem Ton, als ob es gar keinen Zweifel gäbe. Deine kühne Kombination scheint zu stimmen! Der Wicht sieht dich überrascht an. „Kann sein“, brummt er unwirsch.

„Und wenn du der Rote Heinz bist, dann hast du auch den Schlüssel vom letzten Wolf bekommen!“

„Kann sein“, knurrt der Wicht wieder. Er will offenbar nicht lügen, andererseits, vermutest du, möchte der aber sicher nicht mit der vollen Wahrheit herausrücken, weil er dir mißtraut.

Jedenfalls sieht er nicht so aus, als ob er noch länger bereit sei, deine neugierigen Fragen zu beantworten. Er nimmt seine Laterne in die andere Hand und schickt sich an weiterzugehen. In diesem Augenblick fällt dir die stark ausgebeulte Wamstasche des Zwerges auf. Anscheinend hat er einen größe-

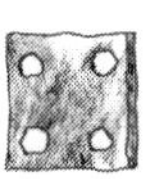

ren Gegenstand darin eingesteckt. Es könnte ein Schlüsselbund sein.

„Halt, warte!“ rufst du ihm zu und willst ihn am Arm zurückhalten. „Gehst du zu deinem Herrn und Meister?“

„Kann sein“, murmelt der Kleine und schüttelt deine Hand ab wie eine lästige Fliege. Weiter bei **117**.

117

In deinem Gehirn entsteht ein finsterer Gedanke. Vielleicht hat sich dir der lange Aufenthalt in der Unterwelt aufs Gemüt geschlagen. Vielleicht bist du auch nur über deine bisherige Erfolglosigkeit verbittert. Jedenfalls überlegst du ernsthaft, ob du den Zwerg angreifen und überwältigen sollst, um nachzusehen, was sich in seiner Wamstasche befindet. Du könntest aber dem Wicht auch nachgehen. Möglicherweise bekommst du doch noch mehr aus ihm heraus.

Oder du kümmerst dich nicht mehr weiter um den Kleinen und siehst dir die beiden neu entdeckten Höhlenäste an.

- Willst du den Zwerg angreifen? Weiter bei **118**
- Willst du ihm folgen und nachsehen, wohin er eigentlich unterwegs ist? Weiter bei **34**
- Möchtest du in den linken Höhlenast vordringen? Weiter bei **100**
- Oder bist du darauf gefaßt, im rechten Gang auf neue Überraschungen zu stoßen? Weiter bei **77**

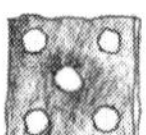

118

Du bewaffnest dich mit einem faustgroßen Stein und schleichst so geräuschlos wie möglich hinter dem Wicht her. Die Gelegenheit für einen Angriff scheint günstig zu sein, denn der kleine Bursche schickt sich eben an, in die *Gasnerwand* einzusteigen und blickt nach unten. Jetzt! denkst du. Du holst aus und willst zuschlagen. Da trifft dich der Blick des Zwerges. Statt der Augen strahlen zwei eisklare Bergkristalle aus seinem Gesicht! Weiter bei **119**.

119

Plötzlich fühlst du dich willenlos, wie gelähmt! Der Stein entgleitet deiner Hand und fällt zu Boden. Ehe du dich versiehst, bist du in einen Auerhahn verwandelt! Das ist die Strafe für deine unselige Idee! Weiter bei **28**.

120

Du besteigst dein winziges Schlauchboot und steuerst vorsichtig auf das andere Ufer zu. Aber bevor du noch die Mitte des unterirdischen Sees erreichen kannst, treibt das Boot, wie von einer unsichtbaren Strömung erfaßt, wieder zurück! Vergeblich ruderst du mit aller Kraft. Nichts zu machen! Die Strömung ist stärker als du! Du mußt dich bei Abschnitt **90** anders entscheiden! Zurück zu **90**.

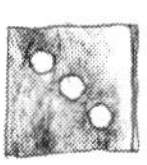

121

Langsam tastest du dich durch die enge Felskluft. Auf einmal dringen ungewohnte Laute an dein Ohr: Gelächter, Rufe und wilde Flüche von rauhen Männerstimmen! Du leuchtest die Felswand aus. Zu deiner Rechten entdeckst du eine kleine Tür, die in die Wand eingelassen ist und aus dicken Holzbohlen besteht. Leider hat sie kein Schlüsselloch, durch das du spähen könntest. Vorsichtig legst du das Ohr ans Holz. Tatsächlich: Die rauhen Kerle müssen sich hinter dieser Tür aufhalten! Was wirst du unternehmen? Willst du versuchen, die kleine Tür zu öffnen (weiter bei **122**), oder setzt du den Weg durch die Kluft fort (weiter bei **94**).

122

Die Tür ist nicht verschlossen. Sie gibt deinem Druck nach, und du gelangst in einen kleinen Raum. Dichter blauer Nebel aus Tabakrauch hindert dich zunächst daran, irgend etwas zu erkennen. Es dauert einige Zeit, bis du die Umrisse von drei Männern wahrnimmst. Sie sitzen an einem rohen Holztisch, ziehen an ihren qualmenden Pfeifen, trinken aus Bechern und spielen Karten. Dabei geht es hoch her. Gelächter folgt auf deftige Flüche, wilde Verwünschungen werden ausgestoßen, Trinksprüche machen die Runde. Ein Bursche mit rotem Bart hat einen Säbel in Reichweite vor sich liegen, ein anderer – er hat pechschwarzes Haar – trägt ro-

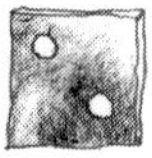

123 *Hugo Schenk, der Schrecken vom Haspelwald.*

stige Messer und eine altmodische Pistole in seinem Gürtel. Jedenfalls sind die drei wüsten Gesellen noch nicht auf dich aufmerksam geworden. Wenn du willst, kannst du die Tür wieder leise schließen und dich aus dem Staub machen, bevor sie dich entdecken (weiter bei **94**). Du kannst aber auch in dem verqualmten Raum bleiben (wenn dich der Rauch nicht stört) und darauf warten, was geschehen wird (weiter bei **123**).

123

Je länger du die drei Kartenspieler beobachtest, desto stärker wird das flaue Gefühl in deiner Magengrube. Du hast dich in unpassende Gesellschaft begeben. Die drei Kartenspieler waren gefürchtete Räuber! Vor hundertsechzig Jahren allerdings. Zumindest von den beiden bewaffneten Kerlen kannst du das sagen. Kein Zweifel, du hast den rothaarigen Förstl und den schwarzen Kiwitzl vor dir, die beide immer wieder Fuhrleute überfielen und bei der hohen Brücke in Meidling im Tal die Postwagen aus Krems ausraubten. Den dritten Mann kennst du nicht. Anscheinend hat er deine Neugier gespürt, denn er dreht sich plötzlich nach dir um und stellt sich vor: Hugo Schenk, der Schrecken vom Haspelwald! Die Drei laden dich zum Mitspielen ein, weil sie schon jahrelang vergeblich auf den Räuberhauptmann Grasel warten. Höflich wie du bist, willst du nicht ablehnen und nimmst auf einem freien Hocker Platz. Weiter bei **124**.

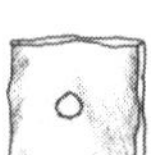

124

Wie ergeht es dir beim Kartenspiel mit den drei Räubern? Würfeln (oder Daumenkino)!

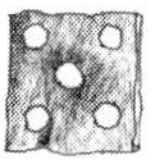 oder 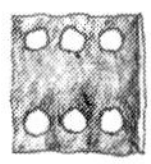

Innerhalb einer Viertelstunde hast du dein ganzes Geld verloren! Es ist an der Zeit aufzuhören, bevor dir die drei Gesellen auch noch deine Ausrüstung abknöpfen! Weiter bei **54**.

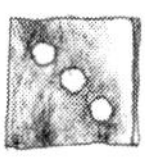 oder 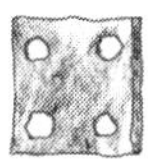

Was du bei einem Spiel gewinnst, verlierst du beim nächsten schon wieder. So geht es eine ganze Weile fort. Der Münzenstapel auf dem Tisch vor dir wird kleiner, dann wächst er wieder. Nach einer Stunde spürst du, wie sehr dich das Kartenspiel ermüdet. Außerdem tränen dir bereits die Augen von dem dichten Pfeifenqualm. Weiter bei **54**.

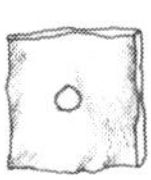 oder 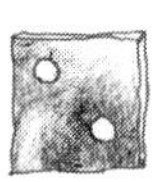

Gleich beim ersten Spiel gewinnst du das Doppelte deines Einsatzes, beim zweiten ebenfalls! Eine dicke Glückssträhne zeichnet sich für dich ab! Während sich auf dem Platz vor dir die Münzen immer höher häufen, müssen die drei Räuber alle Taschen

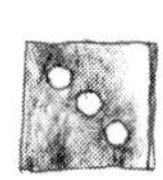

umkehren, um noch Geld zu finden. Aber vom Aufhören wollen sie nichts wissen. Du wirst den Verdacht nicht ganz los, daß sie dich möglicherweise mit Absicht gewinnen lassen!

Wer weiß! Vielleicht sind sie gar nicht freiwillig hier in den Ötscherhöhlen? Vielleicht dürfen sie das *Geldloch* gar nicht verlassen? Vielleicht müssen sie sich erst von allem trennen, was sie in ihrem Leben geraubt und gestohlen haben?

Willst du bei den Kartenspielern bleiben? Wenn deine Glückssträhne anhält, bist du in wenigen Tagen ein gemachter Mann (oder eine gemachte Frau), auch ohne Schatz!

Nein, das Kartenspielen wird dir auf die Dauer doch langweilig! Du steckst deinen Gewinn ein und erhebst dich vom Hocker. Weiter bei **54**.

125

Dieses Modell mit der Nasenabdeckung schützt zwar gut gegen üble Gerüche, aber nur unzureichend gegen Basiliskenblicke. Immerhin kann es die Wirkung eines dieser fürchterlichen Blicke mildern. Du versteinerst ein klein wenig, als dich das Reptil giftig anschaut. Deine Bewegungen werden eckiger, deine Gesichtszüge härter. Ansonsten nimmst du keinen Schaden und kannst die Schatzsuche bei Abschnitt **109** fortsetzen.

126

Der *Eiswall* ist überraschend leicht zu bewältigen. Es sieht aus, als ob erst vor kurzem jemand Stufen (für dich?) ins Eis gehackt hätte. Du kannst das Seil vorerst noch beruhigt im Rucksack lassen. Nicht einmal die Steigeisen brauchst du anzulegen – deine Schuhe haben ja griffige Profilsohlen –, und den Eispickel benützt du als Spazierstock. Weiter bei **127**.

127

Nachdem du den *Eiswall* so mühelos, fast bequem hinter dich gebracht hast, betrittst du den *Eisdom*. Tatsächlich, der hohe unterirdische Raum hat Ähnlichkeit mit dem Inneren einer Kirche! Staunend betrachtest du die gefrorenen Wasserfälle und die mächtigen Säulen. Ob hier einige deiner Vorgänger zu Eiszapfen erstarrt sind? Im Lichtstrahl deiner Lampe beginnen die Eisfiguren zu leuchten und zu glitzern. Ein wunderschöner, feenhafter Anblick! Leider kannst du ihn nicht lange genießen, denn von irgendwoher dringen beunruhigende Laute an dein Ohr! Einmal erinnernb sie dich an böses Knurren und winselndes Jaulen, dann wieder an heiseres Bellen, und alles zusammen hört sich ziemlich gereizt und bösartig an. Woher diese beängstigenden Geräusche kommen, läßt sich nicht genau feststellen,

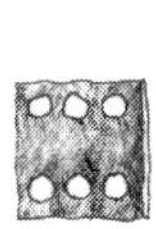

aber eines fällt dir auf: Sie nähern sich! Zur Sicherheit faßt du deinen Pickel fester und stellst dich hiner eine riesige Eisstatue. Weiter bei **128**.

128

Lange brauchst du nicht zu warten. Aus dem Gang, der vom *Eisdom* nach links abzweigt, trottet ein riesiger schwarzer Hund. Irgend etwas hat ihn anscheinend in Aufregung versetzt: Er fletscht seine Zähne, und seine zottigen Nackenhaare sind gesträubt. Aus seinem Maul kommt das heisere Knurren, das du schon vorher vernommen hast. Jetzt drückt er seine Nase auf den Boden. Du befürchtest, daß er deine Spur gefunden hat! Schnurstracks läuft er auf den Eiszapfen zu, hinter dem du dich verborgen hast. Was willst du tun?

- Du bleibst hinter der Eisfigur stehen und wartest ab Weiter bei **23**
- Du trittst dem riesigen Hund entschlossen entgegen Weiter bei **149**
- Du flüchtest aus dem *Eisdom* Weiter bei **11**
- Du kramst unauffällig in deinem Rucksack nach einem Wurstzipfel, um dem Hund deine friedlichen Absichten zu beweisen Weiter bei **33**

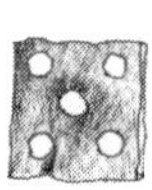

127 *Nachdem du den Eiswall so mühelos hinter dich gebracht hast, betrittst du den Eisdom. Staunend betrachtest du die gefrorenen Wasserfälle und die mächtigen Säulen.*

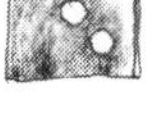

129

Der *Eisdom* bietet einen zauberhaften Anblick. Feuermänner stehen in allen Ecken und Nischen. Sie leuchten von innen heraus, als ob sie aus Glas wären, und tauchen den Raum in wundersames Licht. Dazwischen geistern blaue Irrlichter umher, sorgen für immer neues Funkeln auf den Spiegelwänden der gefrorenen Wasserfälle. Das Höhlenvolk des Ötschers hat sich zahlreich eingefunden, darunter die seltsamsten Wesen, die man sich vorstellen kann: Märzenkälber, dreibeinige Habergeißen, dicke, häßliche Nachtmare, goldfarbene Echsen mit kluben Augen (vielleicht sind das die sagenhaften Tatzelwürmer?) und Gnome, Zwerge, Wichtel, Bergmanderl, überall Bergmanderl, die aussehen, als ob sie aus allen Teilen der Ostalpen zugewandert wären. Ein Kasermandl bittet dich auf Tirolerisch um ein Stück Käse. Der kleine Bursche muß einen weiten Weg hinter sich haben ... Alraune vom Manhartsberg machen es sich auf den Felsvorsprüngen bequem. Perchten aus dem Salzburgischen schneiden dir gräßliche Fratzen. Du fühlst dich ganz und gar nicht wohl in deiner Haut! Glühende Koboldaugen schielen nach dir, warzenbedeckte Hexenfinger zupfen mit krallengleichen Nägeln an deinem Overall. Ein Marchfelder Waldweibel mit pechschwarzen Haaren und gelben Entenfüßen reitet auf einem dunklen Eber an dir vorüber. Anscheinend sind die beiden auf der Suche nach einem guten Platz. Unter den anwesenden

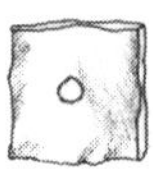

Wassermännern erkennst du den Fährmann, der dich über den Eissee gebracht hat. Er winkt dir mit seinen Schwimmhäuten heftig zu. Der letzte Bär von Türnitz unterhält sich leise mit dem letzten Wolf aus dem Dunkelsteiner Wald. Schöne Wildfräulein und Nixen kämmen ihre langen Haare. Alles, was Rang und Namen hat in der Sagenwelt des Landes, scheint sich hier ein Stelldichein zu geben!

Plötzlich wird es – wie auf ein geheimes Zeichen – ruhig im Dom. Gebannt blickt alles zum rechten Ast, als ob von dort noch jemand erwartet würde. Der Rote Heinz verkündet mit lauter Stimme: „eine Hoheit aus der Tiefe, unser Herr und Zaubermeister, kaiserlicher Hoftaschenspieler, Schloßherr von Klafterbrunn, ehemaliger Bürgermeister von Eschenau und Traisen, Ludwig Döbler!“

Vier kräftig gebaute Zwerge mit Beingamaschen und reich bestickten ärmellosen Lederwamsen tragen eine prachtvolle Sänfte in den Raum. Das Raunen und Flüstern verstummt vollends. Ein fahler, altertümlich gekleideter Mann steigt aus. Verwundert starrst du den ehrfurchtgebietenden Neuankömmling an, auf den alles gewartet zu haben scheint. Plötzlich fällt es dir wie Drachenschuppen von den Augen! Es ist derselbe Mann, für den du das Essen bezahlt hast, derselbe, der dir die alte Schatzkarte geschenkt hat!

Ludwig Döbler, der Zaubermeister und Herr der Ötscherhöhlen, blickt dich lange und prüfend an. Dann beginnt er leise zu sprechen. Auch die Stimme erkennst du wieder! Es ist dieselbe, die du aus der

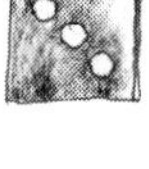

Tiefe des Großen Schachtes vernommen hast! Weiter bei **153**.

130

Ein kleiner Wicht in großen Schuhen biegt um eine Ecke des Ganges. In der Hand trägt er eine altertümliche Laterne. Er tut, als wäre es die selbstverständlichste Sache der Welt, daß du hier an einer Weggabelung wartest. Weiter bei **115**.

131

Die geheimnisvollen Andeutungen des Bären lassen dich wieder Hoffnung schöpfen. Du legst eine längere Rastpause ein, ißt und trinkst ausgiebig und beschließt, ein wenig zu schlafen. Damit du von Alpträumen verschont bleibst, zeichnest du mit der Fußspitze einige Drudenfüße in den Schutt. Gut, daß dich deine Freunde dabei nicht sehen! Die würden dich auslachen und als abergläubisch verspotten. Aber dir ist mittlerweile vieles widerfahren, was du früher selbst nie für möglich gehalten hättest. Nachdem du etwa zwei Stunden ungestört geschlafen hast, fühlst du dich angenehm ausgeruht, erholt und für neue Abenteuer gerüstet. Willst du in dem Gang, in dem du dich jetzt befindest, noch wei-

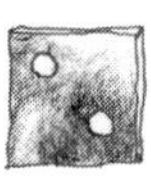

ter in den Berg vordringen (weiter bei **75**) oder kehrst du lieber in den *Eisdom* zurück, um dort den nach rechts abzweigenden Gang näher zu untersuchen (weiter bei **43**)?

132

Du verläßt den *Reitgrat*, wo du die denkwürdige Begegnung mit der ersten Hexe deines Lebens so gut hinter dich gebracht hast, und kommst zur *Wilden Halde*. Verklemmte und verkeilte Blöcke zwingen dich immer wieder zu mühsamen Umwegen und kleinen Kletterübungen. Plötzlich siehst du einen Lichtschein auf dich zukommen! Weiter bei **133**.

133

Nach allem, was geschehen ist, bist du vorsichtig geworden. Du verlangsamst deine Schritte und bleibst stehen. Auch dein Gegenüber scheint zu zögern, denn der Lichtschein kommt nicht näher. Auf einmal wird dir klar, was du vor dir hast: den Lichtschein deiner eigenen Karbidlampe! Du bist das Opfer einer Spiegelung geworden! Vor dir erhebt sich eine steile, tropfnasse Felswand und versperrt dir den Weg. Weiter bei **134**.

134

Du hast die berüchtigte *Gasnerwand* erreicht. Die meisten deiner Vorgänger mußten an dieser Stelle aufgeben. Die Höhle ist aber hier keineswegs zu Ende! In etwa dreißig Meter Höhe scheint sich der Gang fortzusetzen! Willst du umkehren und lieber andere Teile des weitverzweigten *Geldloches* untersuchen (weiter bei **26**) oder fühlst du dich noch kräftig und geschickt genug, die Wand zu bezwingen (weiter bei **135**)?

135

Auf den ersten Blick sieht die *Gasnerwand* wie ein unüberwindbares Hindernis aus. Und du willst den Durchstieg wagen? Aber wenn die Hexe die Wahrheit gesprochen hat, dann hast du jetzt endlich eine Spur, einen Hinweis auf den Schatz, nachdem du vorher schon etliche Stunden erfolglos in der Höhle umhergestolpert bist. Während du noch überlegst und die Wand mit den Augen angestrengt nach Griffen und kleinen Felsbändern absuchst, auf denen du Tritt fassen könntest, erscheint zu deinem grenzenlosen Erstaunen ein merkwürdiges Gebilde auf dem nackten, feucht glänzenden Fels:

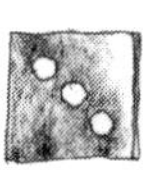

Du glaubst zunächst an eine Einbildung, an ein Hirngespinst! Aber der unbestimmbare helle Fleck verändert sich innerhalb von Sekunden, nimmt Formen an und wird deutlicher!

Und nun entwickelt sich die seltsame Erscheinung zur Leuchtschrift!

Es dauert einige Zeit, bis du dich von deiner Überraschung erholt hast. Aber wie es aussieht, gilt dieser Befehl dir! Wem sonst? Also würfeln (oder Daumenkino)!

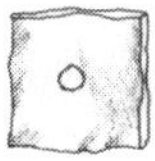 oder 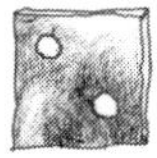

Bravo! Du bewältigst die steile Felswand und schaffst den Durchstieg, ohne auch nur ein einziges Mal in Schwierigkeiten zu kommen. Weiter bei **44**.

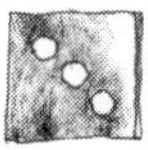 oder 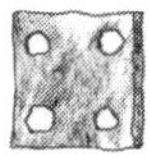

Du hast die Gasnerwand bestimmt nicht unterschätzt, aber sie bereitet dir noch mehr Probleme als befürchtet! So schnell gibst du jedoch nicht auf! Nach mehr als einer Stunde waghalsiger Kletterei hast du das Hindernis überwunden. Weiter bei **99**.

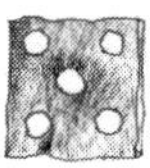 oder 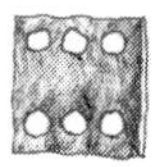

Pech gehabt! Auf einem schmalen feuchten Felsband rutscht du ab. Du stürzt und verstauchst dir den linken Fuß. Es ist zum Heulen! Jetzt, wo du einen vielversprechenden Hinweis gefunden hast, mußt du die Schatzsuche aufgeben! Immerhin kannst du dich humpelnd bis zum *Eisdom* schleppen, wo sich holländische Urlaubsgäste deiner annehmen. Es hätte auch schlimmer kommen können!

136 *Plötzlich wird dein Blick starr vor Schreck! Kalter Schweiß tritt aus allen Poren deines Körpers. Du spürst, daß du zu zittern anfängst. Vor dir hockt ein Basilisk!*

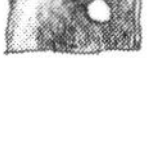

136

Erschöpft willst du dich am Rand des Schachtes ein wenig hinsetzen. Plötzlich wird dein Blick starr vor Schreck! Kalter Schweiß tritt aus allen Poren deines Körpers. Du spürst, daß du zu zittern anfängst. Vor dir hockt ein Basilisk! Zum Glück wendet er dir den Rücken zu und hat dich noch nicht bemerkt. Aber jeden Augenblick kann er dich wittern! Du bist in eine entsetzliche Gefahr geraten! Wenn dich der Basilisk anblickt, wirst du zu Stein! Weiter bei **137**.

137

Deine Gedanken arbeiten fieberhaft. Da, vielleicht ist das die rettenden Idee! Sonnenbrillen! Schon wendet das Scheusal langsam seinen Kopf! Weiter bei **104**.

138

Rasch verschwindest du hinter einem Felsvorsprung und knipst deine Lampe aus. Die Schritte werden immer lauter. Schwacher Lichtschein, vermutlich von einer Laterne, huscht dem Ankömmling voraus und streift über die feuchten Höhlenwände. Dann biegt ein kleines zweibeiniges Wesen in großen Schuhen um die Ecke des Ganges. Weiter bei **93**.

139

Hier wartet eine herbe Enttäuschung auf dich: Es kann dir leider nicht erlaubt werden, den Schatz in der *Südkar-Eishöhle* zu suchen. Diese kaum erforschte Schachthöhle ist für Einzelgänger wie dich viel zu gefährlich! Eine Begehung ist nur für Expeditionen möglich. Also zurück zu Abschnitt 5. Du mußt dich entscheiden: *Geldloch* oder *Taubenloch*.

140

Du wartest eine Stunde in gebückter Haltung. Du wartest noch eine weitere Stunde. Arme und Beine schlafen dir ein. Aber die Milchhexe weicht nicht von ihrem Platz. Ob du willst oder nicht, du mußt dich entscheiden:

- Du greifst die Hexe an, um sie zu überwältigen Weiter bei **27**
- Du versuchst, auf friedliche Art und Weise mit ihr fertig zu werden Weiter bei **65**
- Du kannst natürlich auch umkehren und, wenn du den *Eisdom* erreicht hast, den nach rechts abzweigenden Gang untersuchen Weiter bei **97**

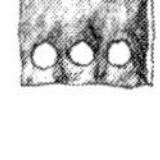

141

Der Zwerg schickt sich an, die *Gasnerwand* hinunterzuklettern. Mit schlafwandlerischer Sicherheit findet er jeden Griff, jeden Tritt. Auch du beginnst mit dem Abstieg. Vorsichtig tastest du dich, Zentimeter um Zentimeter, die Wand hinab. Da geschieht etwas Überraschendes: Der Wicht wartet bei einem schmalen Felsband auf dich, um dir zu helfen! Dankbar nimmst du die feste kleine Hand des Zwerges, die sich dir hilfreich entgegenstreckt. Dabei siehst du die Muskeln und Sehnen seiner kräftigen Oberarme deutlich hervortreten. Du bist froh, dich auf keinen Kampf eingelassen zu haben. Nachdem dich der kleine Bursche sicher über die gefährlichsten Stellen geleitet hat, setzt ihr, am Fuß der Felswand angekommen, euren Weg bergauswärts gemeinsam fort. Du glaubst, daß dich der Wicht zum Herrn und Meister der Ötscherhöhlen bringen wird und hoffst, dort endlich mehr über den Schatz zu erfahren. Bis jetzt war ja anscheinend alles, was du unternommen hast, vergeblich. Weiter bei **61**.

142

Du schaffst es noch, zwei oder drei Sprossen hochzuklettern. Dann überwältigen dich die Wassermassen. Urgewalten reißen dich von der Leiter. Zusammen mit Schlamm, Schotter und Gesteinsbrocken

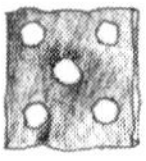

spült dich ein gigantischer Wasserfall in die Tiefe des *Großen Schachtes*. Zum Glück verlierst du rasch das Bewußtsein. Ein unterirdischer Fluß, dessen Verlauf bis heute noch unerforscht ist, trägt dich fort aus dem Irrgarten des *Geldloches*. Als du zerschrammt, zerschunden, zerkratzt und mehr tot als lebendig wieder zu dir kommst und die Augen aufschlägst, mußt du dich erst langsam an das blendend helle Tageslicht gewöhnen. Daß du überhaupt noch am Leben bist, verdankst du der Schwimmweste*, die du vorsichtshalber vor der Überquerung des Eissee angelegt hast, und zwei hübschen Nixen mit türkisgrünen Haaren. Die beiden Fischfrauen haben dich aus dem Wasser geholt und betten dich am Ufer des *Ötscherbaches* auf weiche Moospolster.

„Wie kann ich euch danken?" gurgelst du ergriffen und spuckst dabei einen halben Liter Wasser aus.

„Ach was! Uns kann ja doch niemand helfen!" seufzt die Schlankere der beiden.

„Wir möchten gerne in unsere Heimat zurückkehren!" flüstert die zweite und blickt mit ihren grüngoldenen Augen scheu um sich.

„In eure Heimat?"

„Ja! In die Traisen! Und in die Ybbs! Wo wir jahrhundertelang glücklich gelebt haben, bis die Flüsse

* Stimmt! Ohne Schwimmweste wärst du natürlich leichter durch die Windlöcher gekommen. Aber ohne Schwimmweste wärst du jetzt wohl nicht mehr am Leben!

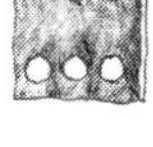

immer mehr verschmutzten und wir in die unterirdischen Seen des Ötschers übersiedeln mußten! Könntest du etwas dafür tun, daß das Wasser wieder sauberer wird?“

Du kratzt dich hinter dem Ohr. So einfach, wie sich die beiden das vorstellen, ist die Sache bestimmt nicht. Trotzdem willst du den schönen Nixen gern versprechen, dich für ihre Wünsche einzusetzen.

Von der Schatzsuche hast du fürs erste genug. Immerhin reichen deine Erlebnisse aus, um alle Freunde auf Monate hinaus mit deinen Erzählungen unterhalten zu können. Und wenn dich wirklich wieder einmal der Goldrausch erfassen sollte, dann weißt du ja, wo man das große Abenteuer beginnen muß: bei Abschnitt **1**.

143

Falsch! Zurück zu **110**.

144

Genaugenommen gibt es unter den vielen Brillen, die dir die Alte anbietet, nur zwei verschiedene Arten. Das eine Modell, es heißt „Trefflingfall“, schützt die Augen besonders gut mit seitlichen Le-

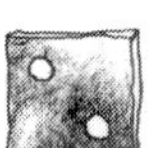

derklappen, das andere nennt sich „Lahnsattel“ und hat eine weit vorspringende Nasenabdeckung. Für welche Sonnenbrille entscheidest du dich?

Modell „Trefflingfall“? Weiter bei **3**.

Modell „Lahnsattel“? Weiter bei **3**.

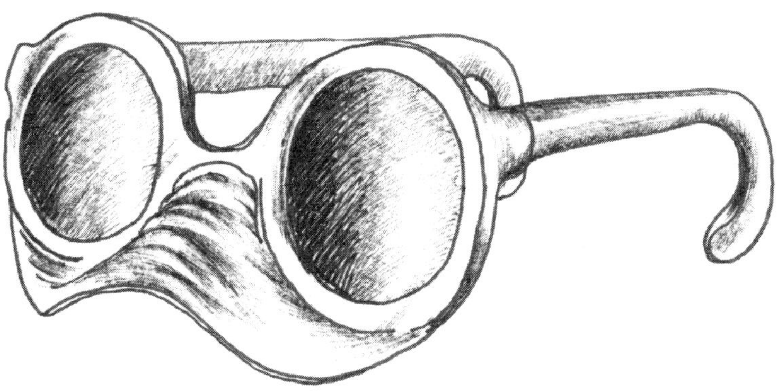

145

Du folgst dem linken Höhlenast und gelangst zur *Großen Schutthalde*. Zur Sicherheit wirfst du einen Blick auf die alte Höhlenkarte. Wenn die Angaben stimmen, muß der Schatz (oder zumindest der Schlüssel zum Schatz) noch ein Stück tiefer im Berg gesucht werden. In diesem riesigen Geröll- und Schotterhaufen hier etwas auszugraben, würde ohnehin Jahre dauern ... Weiter bei **146**.

146

Du läßt die *Große Schutthalde* hinter dir zurück. Der Gang wird hier so schmal und niedrig, daß du dich nur mühsam auf allen vieren fortbewegen kannst. Du hast das erste *Windloch* erreicht. Tatsächlich spürst du deutlich einen Luftzug, ohne sagen zu können, woher er kommt. Aber jetzt mußt du irgendwie durch diese Engstelle! Weiter bei **147**.

147

Du meinst, du könntest es schaffen, atmest aus, whuuuuu ... und willst dich durch das *Windloch* pressen. Vergeblich! Es klappt nicht! Du steckst fest! Das hat dir gerade noch gefehlt! Weiter bei **148**.

148

Ach ja, der Rucksack! Natürlich mußt du den Rucksack von den Schultern nehmen! Aber wie soll dein Abenteuer jetzt weitergehen?

- Willst du den Rucksack zurücklassen und dich von deinem Gepäck trennen? Weiter bei **24**
- Du nimmst den Rucksack und schiebst ihn Zentimeter für Zentimeter vor dir her, bis beide, Rucksack und Schatzsucher, das *Windloch* passiert haben Weiter bei **35**
- Du bindest eine Schnur an die Tragegriffe, kriechst durch das *Windloch* und möchtest den Rucksack hinter dir herziehen Weiter bei **12**
- Du gibst auf, weil du glaubst, daß du den großen Schatz der Witwe Gula – wenn du ihn wirklich jenseits des *Windloches* finden solltest – vermutlich nie durch dieses Nadelöhr schaffen kannst. Über die *Große Schutthalde* kommst du wieder zurück in den *Eisdom*. Dort zweigt ein Gang nach rechts ab Weiter bei **97**

149

Als dich das Hundemonster so plötzlich hervortreten sieht, zögert es für einen Augenblick. Dann reißt es den Rachen mit den nadelspitzen Zähnen weit auf und kommt knurrend auf dich zu. Du bildest dir ein, in den gelben Augen ein angriffslustiges Flackern erkennen zu können.

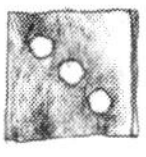

Inzwischen findest du in einer Tasche deines Overalls endlich das, was du die ganze Zeit schon fieberhaft gesucht hast: eine kleine Trillerpfeife, die jeder Bergsteiger (und Höhlenforscher) für Notfälle bei sich haben sollte. Du bläst einmal kurz und kräftig in das Pfeifchen. Der schrille Ton wird vom Echo im *Eisdom* vervielfacht und zeigt ungeahnte Wirkung: Klirrend zerspringen armdicke Eiszapfen, und eine Fledermaus sucht erschrocken das Weite. Auch der Riesenhund ist beeindruckt und zieht sich einen Schritt zurück. Du pfeifst gleich ein zweites und drittes Mal. Das Untier weicht zwei weitere Schritte zurück. Das ist dir nicht genug. Du willst den Hund ganz verscheuchen und bläst jetzt drei langgezogene Töne auf der Pfeife. Die Folgen sind verheerend: Eisstatuen bersten krachend, und in der Decke des Doms lockern sich Gesteinsbrocken. Der Hund ist verschwunden. Dafür packt dich plötzlich jemand am Arm und schleppt dich in Richtung *Eiswall*. Vier Männer der Bergwacht, die zufällig nach dem Abstieg vom *Rauhen Kamm* beim Höhleneingang vorbeigekommen sind, haben deine Pfiffe gehört und sie für das alpine Notsignal gehalten! Sie ziehen und tragen dich aus dem *Geldloch*. Deine Gegenwehr ist umsonst. Im Freien betten sie dich auf eine Tragbahre. Du wirst genau untersucht. Es stellt sich heraus, daß du unversehrt geblieben bist, und so verabschieden sich die wackeren Leute und überlassen dich wieder deinem eigenen Schicksal. Du erhältst noch den guten Rat, mit Pfeifsignalen keinen Mißbrauch zu treiben. Von einem schwarzen Riesenhund will keiner der vier Männer etwas bemerkt haben.

Wenn du willst, kannst du nochmals von vorn anfangen, nein, nicht von ganz vorn: Der Aufstieg zum Eingang der Ötscherhöhlen wird dir erspart. Weiter bei **5**.

150

Einladend baumelt das Seilende vor deiner Nase. Ist es eine Art Lift, ein Aufzug hinauf in die pechschwarze Finsternis? Kein Lichtstrahl der Welt kann diesen zweiten Schlot ausleuchten, niemand vermag zu sagen, wohin er führt.

Vorsichtig ziehst du mit einer Hand an dem Strick. Er ist anscheinend irgendwo dort oben in der kirchturmhohen Finsternis befestigt. Du zerrst kräftiger. Probeweise hängst du dich mit deinem ganzen Körpergewicht an das Seil, versuchst, ein kleines Stück hochzuklettern. Plötzlich ein Ruck! Das Seil gibt nach! Wie eine leblose Schlange liegt es in deiner Hand. Ein knirschendes Geräusch aus der Höhe läßt dich zusammenfahren. Ein Schreckensschrei entfährt dir. Hoch oben im Schlot lockern sich riesige Steine und drohen herabzustürzen! Es sieht ganz danach aus, als ob du eine Falle ausgelöst hättest! Auwei! Verzweifelt versuchst du zu flüchten! Weiter bei **73**.

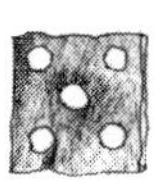

151

Da hast du doch tatsächlich noch einmal Glück gehabt. Nach tagelanger Suche triffst du die Fee von der Reisalpe in der Nähe der *Großen Schutthalde* und flehst sie an, dir deine Gestalt wiederzugeben. Zunächst ist sie nicht dazu bereit. Erst als du hoch und heilig versprichst, nie wieder Steine auf den Riesen vom Kalten Brunnen – er stammt aus der Nähe von Kleinzell – zu werfen, macht sie dich wieder sichtbar. Du verläßt das *Geldloch* auf kürzestem Weg. Wenn du dieses schlimme Erlebnis vergessen hast, wirst du wieder bei **1** mit der Schatzsuche beginnen.

152

Enttäuscht und mißmutig schleppst du deinen Rucksack die fünfhundert Meter zum Eingang des *Geldloches* zurück. Dort rastest du dich zunächst einmal aus und stärkst dich mit Obst und Vollkornbrot. Das bessert deine Laune allmählich, und dein Rucksack wird auch ein wenig leichter dadurch. Du redest dir ein, daß du dich nicht so rasch entmutigen lassen darfst. So leicht gibst du nicht auf! Dein Selbstvertrauen kehrt zurück, und du gehst wieder an die Arbeit. Weiter bei **88**.

153 *Ludwig Döbler, kaiserlicher Hoftaschenspieler und Zaubermeister.*

153

„Dieser Fremdling“, sagt Döbler feierlich, „ist gekommen, um den Schatz der Witwe Gula zu heben!“

Unwilliges Gemurmel wird laut. Die Stimmung scheint gegen dich zu sein. Hoffentlich geht es dir nicht an den Kragen! Nervös spielst du mit dem rostigen Schlüssel.

„Ich glaube ...“ Der kaiserliche Hoftaschenspieler und Zaubermeister will fortfahren, aber eine Wetterhexe unterbricht ihn wütend: „Sollen wir die Menschen noch dafür belohnen, daß sie die Luft verpesten!“

„Daß sie in den Bergen immer mehr Straßen und Forstwege, Seilbahnen und Liftanlagen bauen!“ erbost sich ein Bergmanderl mit spitzem grünem Hut, wahrscheinlich ein Spitzhütl.

„Daß sie das Wasser verseuchen, verdrecken und aufstauen!“ wirft ärgerlich ein Wassermann ein. Er stammt vermutlich aus der Donau, weil er größer, dicker und schmutziger als die anderen Wassergeister ist.

„Daß sie die Bäume krank machen!“ schreien mehrere Waldschrate gleichzeitig. Dir wird langsam schwül. Du scheinst hier in eine unterirdische Gerichtsverhandlung geraten zu sein.

Döbler hebt die Hand. Augenblicklich wird es wieder still. „Wir dürfen nicht einen Menschen für alle verantwortlich machen. Hat irgend jemand etwas Gutes über den Fremdling zu sagen?“

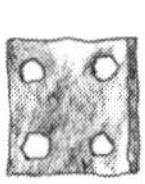

„Er hat mir einen Apfel geschenkt“, brummt der letzte Bär von Türnitz. Du wirfst ihm einen dankbaren Blick zu.

„Er hat mir Brot zur Butter gegeben!“ krächzt die Milchhexe vom Minichwald.

„Er hat seine Wurst mit mir geteilt“, bellt der stellungslose Almhund aus den Eisenwurzen.

„Er hat mir Farnsamen abgekauft!“ ruft ein altes Weiblein. Du hast es vorhin unter den vielen Fabelwesen völlig übersehen.

„Er hat mir den vollen Fährlohn bezahlt“, gurgelt der Erlauftal-Wasserman, „ohne zu feilschen!“

„Er hat mich aus dem Schutt gegraben!“ jubelt der kleine grünbehaarte Schradl. „Er hat mir das Leben gerettet!“

Hast du noch etwas vorzubringen, was die Lage zu deinen Gunsten entscheiden könnte? Warst du vielleicht an der Befreiung des Drachen beteiligt? Hast du dem Basilisken deine Sonnenbrille geschenkt und dem letzten Wolf eine Vitamin-Tablette? Nur keine falsche Bescheidenheit!

Döblers Blick wird freundlicher. „Auch mir hat der Fremdling Gutes erwiesen“, erklärt er den Höhlenbewohnern. „Er hat meine Zeche bezahlt, als ich auf Besuch in der Oberwelt war und nur alte Münzen bei mir hatte. Da wurde ich auf ihn aufmerksam. Ich merkte, daß er zu der seltenen Sorte von Menschen gehört, die auch für andere ein Herz haben. Ich schenkte ihm die alte nutzlose Schatzkarte. Er kam wirklich in die Ötscherhöhlen, und ich glaube, Freunde, er hat alle Prüfungen bestanden!“

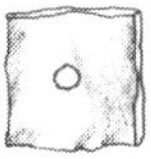

Puh! Jetzt ist dir wieder etwas leichter! Vereinzelte Beifallsrufe werden hörbar. Auf einen Wink des Zaubermeisters schleppen sechzehn kräftige Zwerge eine eisenbeschlagene Truhe herbei. Sie sieht uralt aus. Das muß er sein! Das ist der Gula-Schatz!

„Nun versuche, ob dein Schlüssel sperrt!“ befiehlt Döbler. Du bist ungeheuer aufgeregt! Mit zitternden Fingern probierst du, den Schlüssel ins Schloß zu stecken. Vergeblich! Er paßt nicht! Weiter bei **32**.

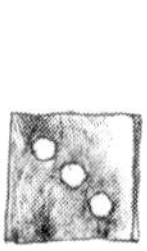

Quellenverzeichnis

Baumgartner/Tippelt, *Ötscherland und Pielachtal,* Ein Wander- und Landschaftsführer, Niederösterreichisches Pressehaus, St. Pölten – Wien 1977

Braumann Franz, *Sagenreise durch Niederösterreich*, Niederösterreichisches Pressehaus, St. Pölten – Wien 1976

Buchinger Josef, *St. Pöltner Heimat*, Beiträge zur Volkskunde, Bezirksschulrat St. Pölten-Land, 1962

Gsteu Hermann, *Länderkunde Österreichs*, Tyrolia, Innsbruck 1957

Gutkas Karl, *Geschichte des Landes Niederösterreich*, 6. Auflage, Niederösterreichisches Pressehaus, St. Pölten – Wien 1974

Heimatkunde des Bezirkes Lilienfeld, Band I – IV, 1963 – 1971

Heimatlesebuch für den Bezirk Scheibbs, Verlag Gebhard Lins, Altenstadt (Vorarlberg) 1962

Jahrbuch des Österreichischen Touristenklubs 1930, Wien

Lilienfelder Heimatkunde, k. k. Bezirksschulrat Lilienfeld, 1912

Mauthe Jörg, *Die große Hitze oder Die Errettung Österreichs durch den Legationsrat Dr. Tuzzi*, Molden, Wien 1974

Schöpf Alois, *Alpensagen*, Ueberreuter, Wien – Heidelberg 1983

Sklenitzka, Franz Sales, geboren 1947 in Lilienfeld (Niederösterreich), ist Volksschullehrer, Autor von Kinder- und Jugendbüchern sowie Illustrator und Werbegrafiker. Er erhielt zahlreiche Auszeichnungen für sein literarisches Schaffen, zuletzt (1984) den Förderungspreis für Literatur des Landes Niederösterreich. Sklenitzka lebt in Wilhelmsburg.